L'Antisémitisme Algérien

DISCOURS PRONONCÉ A LA CHAMBRE DES DÉPUTÉS

Les 19 et 24 Mai 1899

PAR

GUSTAVE ROUANET

DÉPUTÉ DE PARIS

PRÉCÉDÉ D'UNE PRÉFACE

Par GÉRAULT-RICHARD

Vingt Centimes

EN VENTE :

Au Bureau de " LA PETITE ALGÉRIENNE "

111, RUE RÉAUMUR, 111

PARIS

L'Antisémitisme Algérien

L'Antisémitisme Algérien

DISCOURS PRONONCÉ A LA CHAMBRE DES DÉPUTÉS

Les 19 et 24 Mai 1899

PAR

GUSTAVE ROUANET

DÉPUTÉ DE PARIS

PRÉCÉDÉ D'UNE PRÉFACE

Par GÉRAULT-RICHARD

EN VENTE :

Aux Bureaux de " LA PETITE RÉPUBLIQUE "

111, RUE RÉAUMUR, 111

PARIS

PRÉFACE

LE DISCOURS DE ROUANET

I

Le discours de Gustave Rouanet portera un coup terrible à l'antisémitisme et aux antésémites.

Ceux-ci étourdissent le monde de continuelles déclamations contre les juifs accapareurs et de calomnies contre leurs adversaires politiques.

Ils ont réduit la discussion et la polémique à ces trois termes : « Le juif est cause de tous nos maux, car il détient toutes les richesses. Ceux qui refusent de se joindre à nous pour l'accabler ont touché la forte somme. A bas les traitres ! Mort aux juifs ! »

Ils résolvent la question sociale de la façon la plus expéditive et la plus simpliste : Massacre des juifs ; confiscation de leurs biens.

A quoi les socialistes répondent : « Il est faux que le juif accapare les richesses financières, commerciales, industrielles et terriennes. Sur les quatre-vingts milliards de fortune mobilière de la France, il y en a à peine quatre ou cinq entre les mains des juifs. Les grandes entreprises commerciales, telles que le Louvre, Le Bon Marché, le Printemps, la Belle-Jardinière, Crespin, appartiennent à des sociétés et à des individualités catholiques.

Dans la grande industrie, on ne découvre aucune influence juive. Qui règne au Creusot, la plus formidable usine métallurgique de France? Un bon catholique : M. Schneider. Qui possède les tissages du Nord? Des dévots comme M. Harmel ; des cléricaux comme le fameux Motte. Qui exploite les mines? C'est Casimir Perier, c'est Plichon, c'est le marquis de Solages, c'est Chagot... tous dévoués aux intérêts de l'Eglise.

Quant à l'agriculture, elle agonise sous l'indolent et cupide parasitisme des vieilles familles nobles.

Voilà pour les faits. Si l'on examine la théorie sociale des antisémites, on la voit aussi fausse. La misère du prolétariat vient des conditions économiques qui l'obligent à vendre sa force travail à la classe capitaliste. La concurrence entre les travailleurs, aggravée par le développement du machinisme, permet au capitalisme de réduire de plus en plus le prix du travail ouvrier, autrement dit le salaire, afin d'augmenter ses profits.

Le mal n'est pas que ces profits aillent dans la caisse de M. Un Tel, catholique, de M. Tel Autre, protestant ou d'un troisième monsieur qui serait juif, mais bien qu'il y ait profit. Le crime social est que le capitalisme, de quelque race, de quelque nationalité, de quelque religion qu'il soit, prive le producteur d'une partie de ce qu'il a produit.

**
* *

Il importe donc peu aux prolétaires que la richesse prélevée sur son travail profite à celui-ci ou à celui-là ; que M. de Rothschild soit dépouillé au bénéfice de M. de La Rochefoucauld. Ils n'en continueraient pas moins de gémir dans la dépendance et la misère.

Ce qu'ils attendent, d'accord avec le sens de l'évolution économique et les données de la science, ce qu'ils hâteront par leurs efforts, c'est la suppression du capitalisme exploiteur et leur entrée en possession commune des instruments et des produits du travail commun.

Ils ne s'en prennent pas aux hommes, qui ne sont que des instruments et dont la disparition ne changerait rien à leur sort, mais au régime. Ils songent à substituer non pas un propriétaire à un autre, mais la propriété sociale, ou commune, à la propriété capitaliste.

Nous voilà loin des antisémites et de l'antisémitisme. M. Drumont et son engeance respectent l'ordre capitaliste. Ils ne changent rien au régime. Ils songent uniquement à s'emparer des profits encaissés par les juifs.

S'ils réalisaient demain leur idéal, le tisseur, le mineur, le métallurgiste, le paysan, l'employé subiraient, comme aujourd'hui, la loi de l'exploiteur ; comme aujourd'hui ils vendraient leurs bras au maître moyennant un salaire toujours plus réduit, et rien ne serait changé à leur condition, à moins qu'elle ne devînt plus misérable encore et plus cruelle.

Car les antisémites ne pèchent point par excès de scrupules.

Ils prodiguent les accusations d'anti-patriotisme et de vénalité. Quand vient la guerre, ils regardent partir les juifs pour le champ de bataille, comme M. Marchal. Quand sévit une crise, ils arrachent aux banques la remise de la moitié de leurs dettes. Ainsi fit M. Morinaud envers la banque d'Algérie.

Ils dénoncent les trafiquants à la tribune de la Chambre, mais ils les défendent devant les tribunaux. Ainsi fit encore M. Morinaud envers certains entrepreneurs d'Oran.

On a vu que, de son côté, M. Drumont, grand contempteur des juifs panamistes, reçut vingt mille francs de Cornélius Herz, pour éviter à son ami le marquis de Morès d'être exécuté dans un cercle où il avait contracté des dettes de jeu.

En un mot, ces hommes intègres en veulent à la corruption de ne pas les corrompre ; aux accapareurs de ne point les associer à leurs opérations. Leur formule de rénovation sociale tient en ces mots qu'ils adressent aux juifs : Otez-vous de là que nous nous y mettions.

II

La tribune du Parlement, à laquelle on accède par des marches, ne grandit pas M. Drumont qui le lui rend bien.

Nous ne savons si le chef de l'antisémitisme montre de l'éloquence en d'autres occasions, mais il nous paraît définitivement établi qu'il est au-dessous du dernier bafouilleux lorsqu'il explique au pays sa doctrine avec la manière de s'en servir.

Sa doctrine politique, sociale et religieuse, plus il en parle, moins nous la connaissons.

Il en est à son troisième discours et après celui-ci comme après les deux premiers, nous savons que Max Régis est un jeune héros, qu'Alger est un séjour enchanteur et que les antijuifs sont des agneaux.

Ces agneaux assassinent bien de temps à autre ; ils pillent, ils saccagent. Mais M. Drumont, si nous le poussions à bout, nous démontrerait qu'ils appartiennent à l'espèce des moutons enragés.

En tout cas, nous attendons encore l'exposé précis et documenté des origines, des causes, des conséquences de l'antisémitisme. M. Drumont ne se presse point de nous l'apprendre et je me doute que c'est parce qu'il n'en sait trop rien lui-même.

Y a-t-il une doctrine de l'antisémitisme ? Nous ne parlons pas des hurlements de massacre et de carnage, mais bien d'un système détruisant les abus dénoncés par les antisémites et substituant au régime social actuel un régime meilleur.

La confiscation des fortunes juives profiterait à quelques-uns : elle ne diminuerait pas la misère du prolétariat, elle n'adoucirait pas l'exploitation sous laquelle il gémit.

Quels seraient les bénéficiaires de la mesure d'expropriation partielle préconisée par M. Drumont?

1.

Evidemment ceux que le triomphe de sa politique aurait portés au pouvoir. On les connaît. A part les hordes mercenaires qui sont aujourd'hui au service de l'antisémitisme et seront demain aux gages d'une autre entreprise, les adeptes de M. Drumont se recrutent exclusivement parmi les tenants des vieux partis.

Au Parlement, les antisémites les plus authentiques sont les royalistes. Le roi lui-même a donné son adhésion à la croisade contre les juifs qu'il accuse de n'avoir pas de sang français dans les veines. Un tel reproche prend de l'autorité dans sa bouche, puisqu'il est fils, petit-fils et neveu de princes allemands, marié à une Autrichienne.

Après les nobles, dont l'antisémitisme s'explique par le besoin de redorer leur blason et l'impossibilité de le faire autrement que par la confiscation ou le mariage, les plus ardents à crier : « Morts aux juifs! » sont les curés.

Puis vient la foule assez considérable, mais incertaine et incohérente de tous ceux qui confondent démagogie et démocratie, pillage et socialisme, carnage et révolution; pauvres cervelles qu'une idée ferait chavirer et qui sont condamnées aux vibrations purement animales.

« Mort aux juifs! » cela dit tout, parce que cela ne signifie rien. Pas besoin, avec cette formule, de raisonner, d'étudier, de discuter. Donc : mort aux juifs! après, on verra.

Nul besoin, par conséquent, de s'embarrasser d'observations, de documents, sur le sens de l'évolution sociale, sur les besoins créés par le progrès et qu'il doit satisfaire.

« Tuons, pillons ! » dit M. Drumont ; « grillons les juifs ; offrons-nous le spectacle raffiné de leurs contorsions au-dessus du bûcher. »

Ce n'est plus là, comme le dit un jour avec humour notre ami Bebel, un socialisme de sots ; c'est une poussée de sauvagerie, une bouffée de sang de la bête primitive.

Quand les antisémites, en attendant qu'ils guérissent le monde, sont appelés à prendre parti dans les luttes de la politique, où vont-ils, à quelles solutions adhèrent-ils ?

Ils défendent le dogme de l'infaillibilité des Etats Majors ! Ils préconisent les conseils de guerre. Ils réclament l'emprisonnement, la déportation et ils projettent d'organiser le massacre des libres-penseurs, des partisans du droit de critique et de contrôle.

Ils se donnent pour les amis des faibles et les ennemis des puissants ? Voyez donc leurs actes au pouvoir. En Algérie, ils n'atteignent que les pauvres, les ouvriers. Ils privent ceux-ci de leur labeur ; ils arrachent à ceux-là le morceau de pain de la charité publique.

Mais ils rendent aux maisons de finance des visites fructueuses. M. Morinaud envahit la banque d'Algérie, au moment où l'émeute antisémitique gronde à

Alger. Il en sort porteur d'un contrat qui lui accorde remise d'une dette de 240.000 francs.

Mais nous voici en France. Le prolétariat défend contre la classe exploiteuse une loi qui lui permettra de panser les blessures des victimes du travail et de préserver de la famine les veuves et les orphelins.

Cherchez M. Drumont. Il est parmi les patrons. Son journal combat la loi.

Cherchez M. Rochefort. Vous ne le trouverez pas. Sur cette question d'un intérêt vital pour les travailleurs, son journal fait relâche. Quant à lui, il est perpétuellement relâché.

A quoi donc aboutira la grande discussion ouverte au Parlement sur l'antisémitisme algérien, si, comme on le suppose, la violence des antisémites a raison de la lâcheté égoïste de M. Laferrière?

A l'abrogation du décret Crémieux, c'est-à-dire à une mutilation du Suffrage Universel.

Rouanet a prouvé par des faits incontestés et incontestables l'inhumanité de l'antisémitisme ; il l'a marqué du sceau historique de la Barbarie. Chaque parole des antisémites, chacun de leurs actes confirment le jugement de notre courageux et éloquent ami.

Dans la débâcle du parti républicain, seul le parti socialiste s'est dressé pour défendre les prolétaires juifs, comme des bêtes traquées pour garantir leur race contre les excitations sanguinaires de l'Eglise.

C'est dans la République Sociale que les prolétaires juifs trouveront avec tous les autres prolétaires leur affranchissement définitif.

Gérault-Richard.

DISCOURS

PRONONCÉ A LA CHAMBRE DES DÉPUTÉS

Les 19 et 24 Mai 1899

SÉANCE DU 19 MAI 1898

M. le président. — La parole est à M. Rouanet.

POSITION DE LA QUESTION

Gustave Rouanet. — Je fais appel à l'indulgence de la Chambre; j'ai besoin de toute son attention pour remplir jusqu'au bout la tâche républicaine et socialiste que j'ai cru pouvoir assumer le jour où j'ai déposé ma demande d'interpellation.

Je dis que je viens remplir ici une tâche républicaine, parce que je viens dénoncer à la tribune le régime terreur sous lequel l'antisémitisme algérien ploie une population mise, à raison de ses origines, hors du droit commun et de la cité humaine (*Très bien ! très bien !*) et que, ce faisant, je défends les traditions les plus constantes du parti républicain.

Et j'accomplis aussi un devoir socialiste, autant que républicain, parce que l'antisémitisme algérien fait surtout peser les effets de sa politique meurtrière sur la catégorie la plus pauvre de la population qu'elle poursuit de son fanatisme de race et de ses préjugés de religion. (*Applaudissements.*)

Les antisémites n'avaient donc pas lieu de manifester la surprise qu'ils ont affectée à l'annonce que le parti socialiste interviendrait dans un débat comme celui-ci.

Messieurs, c'est l'honneur du parti socialiste, qu'à travers la confusion et le trouble qui ont bouleversé dans ces derniers temps les idées et la conscience de tous les partis, nous, nous soyons toujours restés identiques à nous-mêmes (*Interruptions au centre. — Applaudissements à l'extrême gauche*), et que, jamais à aucun moment, nous n'ayons séparé de notre idéal de justice sociale future notre attachement aux nobles idées morales de droit, de justice, d'égalité politique qui furent l'œuvre de la bourgeoisie libérale et républicaine. Il y a là un patrimoine national commun à la bourgeoisie et au prolétariat. L'antisémitisme menace ce patrimoine ; je viens le défendre au nom de mon parti. Je viens aussi demander au Gouvernement, à la Chambre, de sortir enfin de l'attitude expectante et passive gardée jusqu'à ce jour et qui a été, n'en doutez point, l'auxiliaire le plus efficace des progrès de l'antisémitisme ; qui permet aujourd'hui aux représentants de ce parti d'infliger à la conscience républicaine de la France l'humiliation d'un débat comme celui qui se déroule devant vous. (*Applaudissements sur divers bancs.*)

De quoi s'agit-il en effet ? Quelles revendications ont été apportées à cette tribune par les deputés antijuifs d'Algérie ? quelles réclamations suis-je aujourd'hui amené à formuler sur l'état présent d'une colonie située à quelques lieues de Marseille, et sur laquelle flotte depuis près de trois quarts de siècle le drapeau de la France ?

Que vous ont demandé les députés antijuifs ? Ils vous ont demandé du bout des lèvres l'abrogation du décret Crémieux, basant les raisons qu'ils vous donnaient en faveur de cette abrogation sur un ensemble d'allégations absolument inexactes, sur un ensemble de faits dont la plupart sont controuvés ou qui, lorsqu'ils sont exacts, sont complètement dénaturés, parce que déviés de leur sens et de leur signification propres.

Je veux vous montrer, messieurs, que rien de ce qui a été dit à cette tribune sur les juifs n'est exact ; je veux prouver que les juifs n'ont pas,comme l'a dit M. Marchal, failli au patriotisme; qu'ils ne sont pas les banqueroutiers que vous a présentés M. Morinaud, qu'au contraire c'est à la tête du parti antisémite que se trouvent le plus de faillis, de banqueroutiers, de gens qui abusent du crédit des banques et d'accapareurs. (*Applaudissements à l'extrême gauche.*)

M. Charles Bos. — C'est la vérité.

Gustave Rouanet. — Je viens vous montrer cela, messieurs, non pas avec des allégations plus ou moins vagues, par des assertions plus ou moins gratuites, mais avec des documents,avec des chiffres généraux incontestables, et si, quelquefois j'oppose des faits isolés à ceux que mes adversaires ont invoqués, vous verrez que les miens seront concluants et précis.

Je vous montrerai ensuite que même les griefs invoqués par les antijuifs contre les Israélites d'Algérie seraient-ils fondés, en aucun cas on n'aurait eu le droit de commettre sur toute une population les crimes de lèse-civilisation qu'on a commis, en aucun cas on n'aurait eu le droit d'instituer là-bas le régime de violences, de barbarie qui déshonore l'Algérie (*Vifs applaudissements à l'extrême gauche et sur plusieurs bancs à gauche*) et qui, s'il se prolongeait, déshonorerait la France devant l'Europe et devant le monde civilisé. (*Nouveaux applaudissements.*)

LE DÉCRET CRÉMIEUX

Vous dites que l'abrogation du décret de 1870 mettra fin à l'antagonisme existant aujourd'hui. Quelle est donc la nature de ce décret ? A la suite de quels événements fut-il rendu ?

Le décret de 1870 est aux juifs d'Algérie ce que fut le décret de la Constituante aux juifs de France...

M. Eugène Fournière. — Très bien !

Gustave Rouanet. — A cette différence près que le décret de la Constituante fut une improvisation, le résultat spontané, irrésistible, d'un immense élan de fraternité; tandis que le décret de 1870 fut le résultat d'un travail suivi, d'une élaboration lente, d'une préparation mûrement réfléchie, à la fois par le gouvernement de Juillet et par celui de l'Empire, que le gouvernement de la Défense nationale n'eut qu'à sanctionner en mettant sa signature au bas des décrets préparés par l'administration impériale.

M. Barthou, dans cette partie de son discours, vous a très bien exposé les origines du décret Crémieux. Je n'y reviendrais pas, si je n'avais à ajouter au faisceau de preuves très concluantes qu'il a données un dernier trait se rapportant particulièrement à l'évolution économique des juifs de 1845 à 1870.

On vous a dit, messieurs, ce qui est vrai, que le décret Crémieux avait été demandé à la fois par les populations algériennes, par les corps représentatifs de France — le Corps législatif et le Sénat — étudié dans des corps administratifs comme le Conseil d'Etat. Mais il y a d'autres organes sociaux qui ont demandé la naturalisation collective des israélites de 1860 à 1870. Ce sont les corps élus des populations commerciales et industrielles avec lesquelles les juifs avaient des relations. Voici ce que disaient notamment les chambres de commerce de la Seine-Inférieure, quand elles demandaient, en 1864, dans une pétition à l'empereur, la naturalisation collective de ces juifs qu'on vous a représentés comme vivant exclusivement de la faillite et de la banqueroute. Ils disaient :

« Les juifs algériens qui, jusqu'en 1845, 1846, n'avaient fait que le colportage le plus humble, nouèrent des relations avec la métropole; on leur ouvrit un crédit d'abord assez limité, puis, plus tard, dans les proportions les plus vastes, pour ainsi dire illimité.

« Hâtons-nous de déclarer qu'aujourd'hui la plupart

de ces juifs sont devenus de puissants négociants, qui ont su justifier par leur loyauté la confiance que nos commissaires et manufacturiers leur ont accordée. »

Et les pétitionnaires concluaient en demandant au Gouvernement « de faciliter à ces Algériens l'accès à ce titre de citoyen français, dont ils sont dignes à tous égards. »

Vous voyez, messieurs, que c'est l'élément commercial et industriel français qui, dès 1864-1865, a demandé la naturalisation des juifs; et si, en 1871 l'Assemblée nationale de Versailles, aveuglée par la passion, la rancune et l'hostilité qu'elle nourrissait contre le gouvernement de la Défense nationale, n'est pas allée jusqu'au bout de sa réaction préméditée, savez-vous pourquoi?

M. Morinaud nous a parlé hier de l'intervention de M. de Rothschild. Ah ! messieurs, les juifs millionnaires de France ne pensent guère à leurs frères pauvres d'Algérie ! il y a ici, dans cette enceinte, des juifs millionnaires ; or, pendant trois séances, on a traîné leurs frères d'Algérie sur la claie (*Applaudissements à l'extrême gauche*); pendant trois séances, les juifs d'Algérie ont été, à cette tribune, systématiquement outragés et calomniés — je vais vous le démontrer — et les juifs qui siègent ici n'ont pas eu un mot de protestation pour leurs frères de là-bas. (*Nouveaux applaudissements sur les mêmes bancs*).

Il n'y a de solidarité juive que dans le monde capitaliste ou dans le monde prolétarien, mais non point entre ces deux mondes ennemis. Il n'y a aucune solidarité entre M. de Rothschild et les ulcéreux, que nous montrait naguère M. Morinaud. Aussi faut-il que ce soit un socialiste qui, au nom du droit et de la justice, monte à cette tribune pour prendre la défense de ces malheureux et de ces opprimés. (*Vifs applaudissements sur les mêmes bancs.*)

Donc, en 1871, si l'Assemblée nationale de Versailles est revenue sur sa prévention relative au décret Crémieux, savez-vous qui provoqua ce revirement? Ce furent des députés de droite, les députés de la haute bourgeoisie industrielle et commerciale, représentant les populations de la Seine-Inférieure, comme Pouyer-Quertier ou les chambres commerciales du Gard, comme Numa Baragnon, les monarchistes libéraux, comme Saint-Marc Giradin, qui, en réponse au réquisitoire de M. de Fourtou tendant à l'abrogation du décret Crémieux, déposèrent une proposition additionnelle maintenant ce décret.

C'est ainsi qu'en 1871 le décret du gouvernement de la Défense nationale, ayant pour lui l'unanimité des républicains et la partie éclairée de la droite monarchiste, n'a pas été abrogé. Il n'a pas été abrogé et il ne devait pas l'être, parce que, contrairement à ce que vous a dit M. Marchal, — et je vous avoue que j'ai été péniblement surpris de certaines assertions dans sa bouche, — contrairement, dis-je, aux assertions de M. Marchal, les juifs n'avaient pas attendu d'être naturalisés Français pour faire leur devoir de patriotes.

PATRIOTISME JUIF ET ANTISÉMITE

M. Marchal nous a dit, et cela m'a profondément indigné, qu'en 1870 il n'avait connu que deux juifs qui eussent rempli leur devoir, qui fussent venus en France défendre le pays.

M. Marchal était en Algérie à cette époque, il a donc pu savoir ce qui s'y est passé ; mais j'ai reçu le lendemain même des assertions de M. Marchal une dépêche contenant des protestations, adressée d'Oran, par des juifs qui avaient fait campagne et qui me demandent : Où donc était M. Marchal ? J'ai reçu, écrit également par un sous-officier de francs-tireurs, un petit livre intitulé *Les étapes d'un franc-tireur oranais*. Il y a à la fin de ce livre une liste des compagnies de francs-tireurs. J'y relève les noms de plus de soixante juifs. Comment, monsieur Marchal n'avez-vous connu que M. Séror et un pauvre ouvrier dont vous ne vous rappelez plus le nom? Vous auriez pu vous rappeler cependant qu'à Alger, avant même le décret Crémieux, de nombreux juifs étaient partis pour la France, notamment les frères Abourbey, dont l'un est tombé sur le champ de bataille, à côté de son frère, cité à l'ordre de son régiment. Et il y a eu non seulement les frères Abourbey, mais ceux que vous avez salués dans un article dont je vais donner lecture à la Chambre. (*Applaudissements à gauche.*)

Un de mes compatriotes, bien connu de la députation des Pyrénées-Orientales, dont il est originaire, M. le docteur Bertrand, oculiste distingué, a servi comme simple soldat en 1870 dans un corps de tirailleurs et il a été blessé le même jour que deux juifs algériens, qui sont entrés à l'hôpital avec lui.

C'est à ces Français, juifs, chrétiens, peu importe, qui défendaient la patrie, que vous adressiez le salut dout je demande la permission de donner lecture à la Chambre :

« La phalange algérienne, nos amis, nos frères sont partis!

« Qu'ils reçoivent encore une fois les adieux de ceux que les liens trop étroits retiennent sur ce rivage. (*Rires et exclamations sur divers bancs.*)

« C'est à l'heure cruelle de la séparation que nous avons presque senti faiblir notre cœur. Nos mères et nos sœurs nous aiment trop; nous n'avons pas le courage, nous n'avons pas la force de braver leur douleur. (*Nouveaux rires.*)

« C'est l'âme à la fois pleine de tristesse et d'envie que nous leur avons donné la dernière accolade: — de tristesse, parce qu'ils emportent avec eux nos cœurs et nos affections dont nous eussions voulu leur faire une infranchissable barrière, — d'envie, parce qu'ils vont, sans nous, défendre, venger et sauver la patrie.

« Deux dangers se disputaient notre courage; l'un

nous appelait là-bas, l'autre nous retenait en Algérie. »
(*Hilarité générale.*)

M. Marchal. — On était déjà en insurrection à ce moment-là, vous le savez bien. (*Rumeurs à gauche.*)

Gustave Rouanet. — Non, monsieur, vous allez le voir. Attendez! Nous ferons la part du tout.

M. Marchal. — Nous nous sommes engagés pendant l'armistice. On nous a tous arrêtés.

Gustave Rouanet. — « L'un nous appelait là-bas, l'autre nous retenait en Algérie. Le cœur navré, nous les avons laissé courir au plus grand. (*Bruit.*)

« Une consolation, cependant, nous reste : c'est l'idée que nous ne serons point inutiles et inactifs.

« S'ils vont se mesurer avec l'ennemi qui combat face à face, nous avons à combattre ici d'autres ennemis : les traîtres à la République, qui se dissimulent dans l'ombre, qui se cachent derrière leur lâcheté pour frapper dans le dos.

« S'ils ont leur poste de combat, nous avons le nôtre, moins périlleux, mais aussi moins glorieux.

« Emile Génella et Calvinhac... »

Il s'agit de mon collègue du groupe socialiste qui n'est pas antijuif peut-être parce qu'il a fait son devoir en 1870.

« Emile Génella et Calvinhac sont dans les rangs de cette brave phalange. Ils combattent là-bas avec l'épée et le fusil aussi vaillamment qu'ils ont combattu à nos côtés avec la plume. Nous sommes sûrs qu'ils feront leur devoir. Ils sont sûrs que nous accomplirons le nôtre, car nous avons les mêmes haines et les mêmes amours.

« Ils n'ont pas voulu qu'on pût dire un jour : On s'est battu pour la République, et les enfants d'Alger n'y étaient pas.

« C'est bien !

« Fasse le ciel que le destin des batailles leur soit favorable, qu'il épargne leurs précieuses existences !

« Puissent-ils bientôt, victorieux, après s'être montrés dignes de la République, revenir nous dire que nous sommes dignes d'eux! » (*Exclamations et rires.*)

M.Zévaès.— Nous demandons l'affichage en Algérie!

M. Marchal. — Qu'est-ce que vous écriviez à cette époque-là, monsieur Rouanet?

Gustave Rouanet. — Je n'écrivais rien ; j'avais quinze ans, mon cher collègue.

M. Marchal. — Et moi vingt.

Gustave Rouanet. — « Que la réaction et les réactionnaires tremblent et rentrent sous terre devant notre front de bataille et devant notre attitude énergique et résolue.

« Comme nos amis, jurons de vaincre ou mourir, et nous vaincrons. » (*Nouveaux rires.*)

« Signé : Charles Marchal. »

M. Marchal n'est pas mort. Je ne doute pas cependant qu'il n'ait tenu son serment.

Mais il y a des familles juives qui ont perdu des leurs sur les champs de bataille. Ils ont conquis, ceux-là, leurs droits de citoyens français! Si, lorsque vous les avez accusés à cette tribune de lâcheté, l'un d'eux s'était trouvé dans cette salle, il aurait eu le droit de se dresser devant vous et de vous dire : Nous avons été à l'armée de la Loire et à l'armée de l'Est; vous n'avez été ni dans l'une ni dans l'autre de ces deux armées. De quel droit parlez-vous ainsi de notre patriotisme? (*Applaudissements à l'extrême gauche et sur divers bancs à gauche.*)

Il ne faut jamais porter de ces accusations collectives contre toute une catégorie de citoyens(*Applaudissements,* il ne faut jamais se faire un tremplin des choses qui concernent la patrie. (*Applaudissements vifs et répétés à l'extrême gauche et à gauche.*)

IMPUDENTS MENSONGES

Et. messieurs, est-il vrai davantage, comme vous le disait, hier M. Morinaud et comme vous l'avait dit avant lui, M. Marchal, que non seulement les juifs en 1870 n'aient pas fait leur devoir, mais encore qu'ils ne l'aient pas fait en 1871 ?

Malgré la documentation abondante que j'ai réunie, comme je ne veux pas fatiguer votre attention, je passe très rapidement ; mais j'ai là des constatations faites par des officiers qui, en 1871, commandaient des compagnies où il y avait des juifs. J'ai également une constatation de M. Vuillermoz, maire d'Alger, qui rappelle que lorsque les Arabes pillaient les colons, les israélites ont été les premiers à venir au secours des colons français. Ils se trouvaient dans les compagnies de milices en même temps que M. Marchal, et voici, entre autres attestations, ce que dit un de leurs officiers :

« Les miliciens israélites mobilisés pour le service au dehors, ont rempli leur devoir d'une manière irréprochable pendant la durée de a campagne à laquelle ils ont été appelés à concourir ; pas un d'eux n'a été l'objet d'un blâme ou même d'un simple reproche pour affaire de service ; pas un seul d'entre eux n'a abandonné son poste ou la colonne pendant l'expédition. »

Ce sont des officiers français et chrétiens qui font cet éloge de la conduite des juifs, en 1871 ! (*Vifs applaudissements à gauche.*)

A-t-on également le droit de leur reprocher, comme l'a fait M. Morinaud, et comme vous l'avez fait aussi, monsieur Marchal, d'avoir été, en 1871, les intestigateurs, où plutôt la cause première de l'insurrection ?

Véritablement, il arrive au moment où devant certaines déclarations antijuives, l'on se demande comment on peut apporter à la tribune des faits aussi évidemment inexacts que ceux qu'on y apporte,

Un jour, M. Firmin Faure, pour montrer le mépris que les Arabes ont des juifs, a poussé le paradoxe jusqu'à affirmer ici que Mokhrani, devant la cour d'assises de Constantine, avait prononcé un mot qu'on rencontre dans la bouche de tous les Sioux, de tous les Mohicans de Fenimore Cooper, mais qui est, paraît-il très beau dans la bouche d'un Arabe : « Un juif, cela ne vaut pas une charge de poudre. » Le malheur est que Mokhrani n'a jamais pu prononcer cette parole devant la cour d'assises de Constantine, par cette excellente raison qu'il était mort. (*Rires.*) A ce détail près, le mot peut sembler très beau et je regrette que M. Lasies ne soit pas là...

M. Lasies. — Je suis à votre service, monsieur Rouanet.

Gustave Rouanet. — Mon cher collègue, je voulais en appeler à vous, puisque c'est vous qui, avant-hier, m'avez remémoré ce mot de M. Firmin Faure.

Eh bien ! tout ce que l'on dit, tout ce que l'on raconte de Mokhrani, de la jalousie des Arabes contre la naturalisation juive a le même degré de vérité et d'exactitude que le mot qui lui est attribué devant la cour d'assises de Constantine, où il n'a jamais comparu

ARABES ET ISRAÉLITES

On raconte aussi que Mokhrani, en apprenant en 1870 que les juifs venaient d'être faits citoyens français, n'avait plus voulu rien avoir de commun avec un gouvernement qui naturalisait les juifs. Messieurs, Mokhrani avait donné sa démission six mois avant la naturalisation des juifs, au mois de mars 1870, entre les mains du maréchal de Mac-Mahon, non pas parce qu'il était à cette époque-là question de naturaliser les juifs, mais parce qu'il disait qu'il ne voulait pas avoir affaire à des mercantis, ce qui dans sa pensée signifiait, juifs ou roumis, quiconque ne portait pas un sabre — le gouvernement civil.

D'ailleurs, comment en 1870, au mois d'octobre, aurait-il pu être froissé de la naturalisation collective des juifs, qu'il avait demandée, lui, en qualité de conseiller général du département d'Alger? En effet, comme conseiller général du département d'Alger, il avait demandé la naturalisation des israélites. Et cette naturalisation fut sollicitée, non seulement par Mokhrani au conseil général d'Alger, mais encore dans les deux conseils généraux de Constantine et d'Oran, où tous les conseillers généraux siégeant à titre indigène, c'est-à-dire tous les grands chefs arabes, signèrent des vœux en faveur de l'émancipation des juifs algériens.

Il est donc manifestement inexact de dire à cette tribune que la naturalisation faite en 1870 fut la cause de l'insurrection. D'ailleurs, j'ai là toute une série de témoignages que je pourrais faire passer sous les yeux de la Chambre; je pourrais citer l'opinion du général Augereau, celle de M. Lucet, préfet de Constantine, qui pendant le procès interrogea les uns après les autres tous les accusés, et qui rapporte qu'aucun n'invoqua comme cause de l'insurrection la naturalisation des juifs.

J'ajoute que dès 1871, les Arabes furent appelés à se prononcer sur cette question : j'ai là une foule de dépositions de notables Arabes, entre autres de Constantine, où l'insurrection fut plus particulièrement violente, et tous disent : Cette mesure n'a froissé personne, n'a excité la colère de personne, parce qu'elle est rationnelle.

Et, en effet, l'Arabe considère la naturalisation française comme une déchéance; ce n'est pas pour lui un titre que celui de citoyen français qui lui enlève son statut personnel. Ce titre n'est pas considéré par l'Arabe comme un honneur, mais au contraire comme une véritable désertion et déchéance. L'Arabe qui se fait naturaliser est un traître. Les Arabes restèrent donc absolument insensibles à la naturalisation en masse des juifs algériens.

L'ORIGINE DU CONFLIT

Cependant, nous dit-on, il y eut de l'antisémitisme en Algérie dès 1870. Oui, en effet, dès le lendemain de la proclamation du décret Crémieux il y a eu un parti antisémite en Algérie. Voulez-vous que je vous dise en deux mots comment il s'est formé ?

Il y a là, en quelque sorte, le schéma de l'organisation de l'antisémitisme politique, il est utile de le faire connaître, parce que le cas a été invoqué bien des fois par M. Drumont dans la *France juive* et je sais qu'il le sera encore.

En 1870, M. Crémieux, président de la délégation de la Défense nationale, avait nommé M. du Bouzet commissaire général de la Défense nationale en Algérie. Un jour, M. du Bouzet s'est trouvé en opposition avec la population algéroise; il a alors demandé à Crémieux de lui envoyer sur le champ un décret organisant l'électorat municipal des juifs qui n'était pas encore organisé, en disant que c'était là une mesure non seulement urgente, mais encore absolument légitime.

M. Marchal. — Les étrangers votaient aussi, à ce moment, monsieur Rouanet; ils faisaient partie des conseils municipaux; les juifs votaient également, à titre étranger.

Gustave Rouanet. — Puisque M. du Bouzet demandait à Crémieux de régulariser l'électorat municipal des juifs, c'est donc que ceux-ci devaient prendre part aux élections municipales.

M. Marchal. — Ils y avaient toujours pris part sous l'empire.

Gustave Rouanet. — Pardon. Ils devaient prendre part aux élections municipales, non pas en qualité d'étrangers, mais en qualité de citoyens français, sans quoi M. du Bouzet n'aurait pas eu besoin de demander à Crémieux le décret qu'il sollicitait de lui.

Le décret fut transmis immédiatement ; seulement les juifs votèrent contre M. du Bouzet. Le soir même du scrutin, celui-ci était antisémite forcené.

L'historiette de M. du Bouzet, c'est l'histoire de l'antisémitisme algérien et de l'évolution politique des juifs. En 1870, quand ils ont été affranchis, les juifs se sont trouvés tout naturellement partout en minorité ; cette minorité forma un bloc dans la majorité. Cela se voit partout. On le voit dans les pays où se trouve une minorité de protestants au milieu de catholiques, et dans les pays où il y a une minorité catholique au milieu de protestants ; toujours la minorité forme un bloc. En Algérie, au lendemain de l'émancipation, les juifs ont formé naturellement un bloc électoral. Ce que je vais dire va vous surprendre : le malheur c'est qu'ils n'aient pas toujours formé ce bloc, c'est qu'il y ait eu des fragmentations, des disséminations dans le bloc électoral juif, de sorte que, ayant voté un peu avec tous les partis, tous les partis vaincus ont attribué la cause, l'origine de leurs défaites à l'intervention juive.

Mais toujours l'antisémitisme politique était resté en Algérie dans des limites restreintes et modérées. Il a fallu arriver à ces dernières années, à 1894, à 1895, à 1896 pour voir afficher les théories violentes, étranges, implacables que l'antisémitisme algérien a affichées. Pourquoi cela ?

DÉFORMATION DE LA MENTALITÉ FRANÇAISE

Ah ! ici j'aborde un terrain très délicat ; je demande à la Chambre toute son attention et je lui demande en

même temps de me laisser dire très franchement toute
ma pensée.

Je le ferai modérément, mais je veux dire tout ce que
je pense dans l'ordre d'idées que je vais aborder.

Si en 1893, 1894, 1895, l'antisémitisme algérien a pris
la forme violente, barbare, que nous lui avons vu prendre à cette tribune, c'est parce que le milieu algérien où
il avait pris naissance s'était lui-même complètement
modifié, c'est parce que l'Algérie de 1895 et 1898,
l'Algérie d'aujourd'hui, n'est plus du tout l'Algérie de
1870. La mentalité française existant encore en 1870
s'est lentement métamorphosée, l'esprit français qui
l'animait jadis est allé s'altérant de plus en plus sous
l'affluence de populations inférieures, d'Espagnols, de
Maltais, d'Italiens. (*Assentiment.*) La rive méditerra-
néenne africaine est devenue, comme il y a cinq siècles,
l'exutoire de tout le bassin de la Méditerranée, et nous
avons contribué, de notre côté, à cette formation d'éléments sociaux hétérogènes, parce que nous avons
commis la faute énorme de laisser se rompre les mailles
les plus indispensables à la chaîne des traditions et des
communications intellectuelles de l'Algérie avec la France.
Nous avons créé des écoles supérieures, organisé le re-
crutement sur place d'un personnel d'instituteurs, de
professeurs même qui ont donné aux futures classes di-
rigeantes d'Algérie une éducation qui n'était plus du tout
une éducation française. (*Applaudissements à gauche, à
l'extrême gauche et sur divers bancs au centre.*)

M. Duquesnay. — C'est toute la question coloniale.

Gustave Rouanet. — Cela est reconnu aujourd'hui
par quiconque pense et réfléchit sérieusement sur l'état
mental étrange que révèlent les manifestations actuelles
de l'Algérie. Je ne m'effraye pas beaucoup du péril
étranger; ce qui m'épouvante, ce n'est pas l'affluence
d'Espagnols et d'Italiens c'est que ces Espagnols et ces
Italiens, quoi qu'en dise M. Morinaud, gardent leur
langue et pénètrent nos compatriotes d'Algérie de leur
esprit et même de leurs mœurs; ce qui m'effraye, c'est

par exemple, qu'à Oran on ne dise plus : « les fêtes de Pâques », mais le « Muna », qui est une expression espagnole ; ce qui m'effraye c'est qu'il y a des villages entiers où l'on parle espagnol ; ce qui m'effraye, c'est que M. Morinaud a été obligé de convenir qu'on ne devait plus laisser prêcher en langue espagnole ; — car il n'y a pas seulement là-bas des instituteurs espagnols, il y a encore des prêtres espagnols ; or, je le dis à l'honneur du clergé français, les prêtres espagnols ou italiens apportent sur le sol algérien, je ne dirai pas des idées dogmatiques différentes, mais des croyances, une interprétation dogmatique, des formules religieuses, des superstitions religieuses absolument différentes de l'état d'esprit religieux français. (*Applaudissements sur plusieurs bancs.*)

M. Charles Bernard. — Vous faites l'éloge du clergé français.

Gustave Rouanet. — Je n'ai pas à faire l'éloge du clergé français ; je constate seulement que dans tout pays le clergé, quel qu'il soit, malgré l'unité dogmatique de l'Eglise catholique, malgré son orthodoxie une et indivisible, représente néanmoins le génie religieux particulier à chaque pays ; et de même que le clergé français n'est pas le même que le clergé américain, il est tout naturel que le clergé espagnol ou italien ne soit pas le même que le clergé français. (*Interruptions.*)

Il y a en Algérie non seulement des instituteurs étrangers, mais même un clergé étranger qui n'est pas complètement dans la main du clergé français. Je sais que, par exemple, la congrégation des Salésiens de Dom Bosco a souvent outrepassé les instructions qui lui sont données par l'autorité diocésaine française, et bien des fois même elle n'en tient aucun compte.

Tout cela crée, je le répète, une mentalité absolument différente de la mentalité française et un professeur qui a passé, lui aussi, par la crise pathologique de l'antisémitisme et qui recule aujourd'hui devant son œuvre, le constatait récemment dans ces termes que je vous demande la permission de faire passer sous vos yeux :

« Il n'est pas rare de voir, dans une même famille, le père républicain éprouvé et le fils régistérique. Pauvre jeunesse algérienne ! Comme on a abusé de sa naïve inexpérience, comme on a surpris sa bonne foi !

« Cette jeunesse algérienne est victime en ce moment de deux lacunes dans son éducation.

« D'abord elle n'a point vu la France, ou elle ne l'a vue que par instants. La France ne fut pas pour elle la mère près de qui on vit pendant la période de croissance, dont on prend instinctivement les manières et les idées. La France est pour elle une parente un peu éloignée, dont elle a ouï parler souvent, qu'elle aime à coup sûr, mais dont elle ne comprend pas bien les théories, dont elle n'entend pas bien le son de voix.

« Cette constatation est assurément pénible pour nous, qui sommes un vieil Algérien, mais il faut la faire tout de même. Mettez en face l'un de l'autre un jeune homme de dix-huit ou vingt ans venant de France et un du même âge élevé en Algérie ; écoutez-les traiter quelque question de politique, de religion, de philosophie, d'histoire ; entendez-les parler de leurs rêves d'avenir, de leur conception de la vie. Entre l'un et l'autre, il y a un abîme.

« Chez le jeune Algérien, vous constaterez un aplomb, un sans-gêne arrogant, une absence complète d'idéalisme, un scepticisme précoce, qui peuvent avoir du bon pour la conduite des affaires, mais qui ne sont pas toujours des vertus.

« L'Algérien ne lit pas, et c'est là un grand malheur. Élève de nos lycées et de nos écoles, il se contente d'apprendre des manuels pour un jour d'examen ; il ne sait rien des œuvres de nos grands penseurs du siècle dernier et du siècle présent ; il ne les connaît que par de vagues et courts extraits. Il ne vibre pas à la lecture des chefs-d'œuvre de notre littérature ; il les étudie et les apprend par cœur, comme des formules de chimie ou d'algèbre, mais ils ne parlent pas à son âme et n'alimentent point son esprit.

« Ah! jeunesse algérienne, à qui je suis au delà de toute mesure bienveillant et que j'aime malgré ses défauts, combien je te voudrais plus éprise des grandes idées, plus féroce de nobles ambitions plus réellement française de cœur et d'esprit.

« Il faut dire la vérité à tous, mais surtout à ceux que l'on aime. Eh bien ! Je ne crains pas de dire aux jeunes Algériens qu'ils ont beaucoup à faire pour devenir de vrais Français. Et il faudrait d'abord qu'ils apprissent l'histoire de France, l'histoire contemporaine surtout, qu'ils apprissent ce que fut l'empire, ce que fut la réaction, ce qu'est le cléricalisme. Car cela, ils ne le savent pas, et c'est pour cela qu'ils sont les dupes du premier agitateur, du premier ambitieux venu. »

Le Conseil général de Constantine a reconnu aussi la nécessité de supprimer les écoles supérieures que nous avons créées à Alger, que nous n'aurions pas dû créer, parce qu'à mesure que l'affluence des étrangers pouvait modifier la mentalité du milieu algérien, nous aurions dû veiller plus jalousement à maintenir dans ce milieu les traditions et l'esprit français. Le Conseil général de Constantine, à diverses reprises, a averti la métropole, notamment dans la délibération dont j'extrais le passage suivant:

« La suppression des écoles supérieures, l'envoi en France des jeunes gens qui se destinent aux carrières libérales maintiendra l'unité de foi patriotique. »

Et plus loin :

« Le Conseil regrette la création des écoles supérieures d'Alger, estimant que l'intérêt supérieur de la France exige impérieusement que l'élite de nos jeunes gens forcément destinée à devenir la classe dirigeante de la colonie, termine ses études dans les universités de la mère-patrie. Cette mesure complétée par l'envoi dans la métropole des contingents algériens assimilera seule les éléments divers qui composent notre population coloniale, et maintiendra l'unité de foi patriotique. »

L'INFLUENCE ÉTRANGÈRE

M. Morinaud vous disait tout à l'heure : la présence des Espagnols n'est pas un danger, et il ajoutait : les Espagnols ne progressent pas tant que cela dans le département d'Oran, attendu que de 1897 à 1898, il y a eu 16.000 immigrants espagnols seulement contre 10.000 Espagnols émigrés.

Où donc est la stabilité de population dont vous parliez ? Que signifient les allées et venues d'Espagnols entre le sol algérien et l'Espagne ? Il n'y a pas — vous le voyez bien — la continuité d'habitation, la communauté d'idées, de mœurs. Y a-t-il davantage communauté de langue ? Vous savez bien que non, puisque quand on a voulu s'adresser à ces électeurs, il a fallu s'adresser à eux en langue espagnole ! Et quel langage a-t-on tenu à ces électeurs français à qui l'on demande des voix en espagnol ?

Ah ! vous avez lu ici une circulaire en italien, monsieur Morinaud ; moi, je vais vous en lire une en espagnol, non pas toute la circulaire — je fatiguerais la Chambre — mais le dernier paragraphe, et vous verrez à quelles basses flagorneries on descend quand on veut obtenir des voix espagnoles pour le parti, de la France aux Français.

Voici la fin de cette proclamation :

« *Conocemos y queremos la España donde no hay Judios y que por esto motivo se queda en frente de los siglos y delante de las otras naciones...* »

M. Marchal. — Vous devriez lire les premiers mots.

Gustave Rouanet. — Je traduis : « Nous connaissons et nous chérissons l'Espagne, où il n'y a pas de juifs et qui, pour ce motif, se place au front des siècles à la tête de toutes les autres nations... »

Où et quand avez-vous vu, monsieur Marchal — car

cela est signé : « Eduardo Drumont et Carlos Marchal. »
(Applaudissements et rires à l'extrême gauche et à gauche.

M. Marchal. — C'est moi qui ai redigé cette proclamation : vous me permettrez d'expliquer dans quelles conditions.

Je l'ai écrite en français et en espagnol, parce qu'elle répondait à trois proclamations du candidat opportuniste exclusivement écrites en espagnol. Voilà la vérité.

D'ailleurs, j'étais déjà élu, ce n'était donc pas pour les besoins de mon élection que j'ai rédigé cette circulaire.

Gustave Rouanet. — J'ai voulu prouver que le milieu algérien n'est plus un milieu français, et que pour s'adresser à lui, à quelque parti qu'on appartint, on était obligé de se servir d'une langue étrangère.

M. Étienne. — M. Saint-Germain n'a jamais écrit d'affiches en espagnol.

M. Marchal. — Les premiers mots de notre proclamation étaient ceux-ci : « Nous protestons contre... »

Nous avons voulu protester contre des affiches écrites en espagnol au profit du candidat adverse.

M. Simyan. — Dans ces affiches on ne mettait pas la France au-dessous de l'Espagne.

M. Étienne. — Je maintiens que M. Saint-Germain n'a jamais écrit d'affiches en espagnol.

Gustave Rouanet. — Toutes ces protestations ne prouvent absolument rien contre la thèse que je soutiens. J'ajoute incidemment que M. Carlos Marchal et M. Eduardo Drumont, les signataires de cette affiche, auraient pu parler de l'Espagne et des Espagnols dans des termes un peu moins pompeux, et ne pas dénaturer d'une façon aussi flagrante l'histoire de la civilisation *(Très bien ! Très bien !)*

M. Marchal. — Nous y parlons aussi de la France, mais vous lisez ce qui vous plaît.

Gustave Rouanet. — ...en écrivant que l'Espagne a toujours marché à la tête des nations.

M. Marchal. — *Traduttore, traditore !*

Gustave Rouanet. — Je le dis à cette tribune, puisqu'on m'y force : lorsqu'à une heure donnée en Europe, la maison d'Espagne par des alliances familiales, fut arrivée à une situation, non pas prépondérante, mais au moins rivale de celle qu'occupait la France, c'est la France qui, à cette heure décisive de l'histoire européenne, au XVIᵉ et au XVIIᵉ siècle, prépara l'œuvre grandiose des XVIIIᵉ et XIXᵉ, en écrasant définitivement la maison d'Espagne, et avec elle, la domination catholique en Europe. (*Applaudissements à l'extrême gauche et à gauche.*)

.**Gustave Rouanet.** — Cela vous explique la désinvolture avec laquelle on vient ici, sans s'émouvoir, considérant la chose comme toute naturelle, vous dire : « Moi, clérical ? Vous en êtes un autre ! »

La vérité, c'est que dans ce milieu algérien, qui n'est plus celui de 1870, qui n'est plus celui de 1880, qui n'est pas même un milieu français, ces Espagnols, ces Italiens, ces Maltais apportent des opinions religieuses fanatiques très ardentes. Les Espagnols surtout nourrissent à l'état en quelque sorte latent et atavique, la vieille haine des juifs, et, cette haine, des hommes qui se disent Français et libres penseurs la réveillent, la surexcitent et l'exploitent.

L'EXPLOITATION DU FANATISME

Je le demande à cette Chambre, comment qualifier la tranquillité d'âme et l'espèce d'inconscience avec laquelle on vient déclarer à cette tribune que l'on ne partage pas les croyances religieuses de ces Italiens et de ces Espagnols, tandis que là-bas on leur adresse des excitations et des violences comme celle-ci :

« Comment ! vous êtes pour la plupart catholiques pratiquants, votre religion est la religion chrétienne.

vous adorez le fils de Dieu, vous, vos femmes et vos enfants, et vous marcheriez la main dans la main avec les infâmes bourreaux du Christ ! »

Certes, j'ai la haine la plus profonde du fanatisme ; mais dans le fanatisme il y a une part de bonne foi et de sincérité devant laquelle je m'incline. Le fanatique croit, il a la haine du juif, et c'est une haine religieuse, vivace, ardente, sincère ; mais que dire de celui qui n'a au cœur aucune passion religieuse, puisqu'il n'a pas de religion (*Applaudissements à l'extrême gauche et à gauche*) et qui froidement, systématiquement, pour assouvir des ambitions politiques, afin de récolter des voix surexcite les passions religieuses et fait appel à la haine catholique contre les juifs ?

Messieurs, je ne trouve pas dans le vocabulaire parlementaire une expression pour qualifier de tels procédés. (*Applaudissements sur les mêmes bancs*) et je laisse à vos consciences le soin de flétrir une pareille attitude, un pareil langage. (*Très bien ! très bien !*)

C'est à l'adresse de ces populations italo-malto-espagnoles qu'on a écrit depuis 1893, sur et contre les juifs, les choses les plus abominables dont rougiraient certainement à distance leurs auteurs eux-mêmes si le trait que je viens de vous signaler ne vous montrait pas que des gens capables de recourir à de pareils moyens ne sont pas Français, n'ont pas la mentalité française.

EXEMPLE CARACTÉRISTIQUE

Voulez-vous savoir quelles ignominies on a pu semer au milieu de ces populations ignorantes, violentes, qui ne lisent que des journaux ? Écoutez, et vous direz si c'est dans un milieu français que l'on pourrait écrire de pareilles abomination !

Il y a deux ans, à l'école d'application [de Fontainebleau, un jeune officier français, d'origine juive, tombait de cheval si malheureusement, qu'il se fracassait la tête. On le releva sanglant, inanimé ; il expira deux heures après. La nouvelle en était transmise en Algérie, et aussitôt il s'est trouvé un cannibale pour écrire la lettre suivante :

Oran, 18 juillet 1897.

« Monsieur le rédacteur en chef
du *Réveil algérien*,

« Nous avons lu, il y a quelques jours, quelques-uns de mes amis et moi, une nouvelle qui nous a comblés de joie. Un lieutenant du nom de Dreyfus s'est fracassé le crâne, dans une chute de cheval.

« ...La nouvelle de sa mort nous a fait danser en rond une joyeuse bourrée... (*Vives exclamations.*)

M. Eugène Fournière. — Vous avez raison, ceux qui écrivent de pareilles choses ne sont pas des Français ; ce ne sont même pas des civilisés.

M. Charles Bos. — La danse du scalp.

Gustave Rouanet. — « Notre premier élan de joie apaisé, nous avons songé à la généreuse bête antijuive (*Nouvelles exclamations*) qui a si dignement concouru à l'élimination des juifs puissants de l'organisation militaire que nous réclamons tous.

« Qu'est devenu ce glorieux cheval ? C'est ce que nous nous sommes demandé avec inquiétude... »

M. Paul de Cassagnac. — C'est un acte d'aberration. Il y a des fous partout.

M. Gustave Rivet. — Alors on ne publie pas de pareilles lettres.

Gustave Rouanet. — Aussi avons-nous recours, monsieur le rédacteur en chef, à la publicité de votre estimable journal, pour faire connaître au maître actuel de la vaillante bête qu'un groupe d'antijuifs oranais a l'intention de la lui acheter pour lui ménager l'existence douce qu'elle a si bien gagnée. » (*Exclamations et bruit.*)

« Veuillez agréer, etc.

« Signé : Un Antijuif Oranais. »

M. de Cassagnac en m'interrompant a parfaitement qualifié cettre lettre ; il a dit : c'est un acte d'aberration, c'est un acte de folie. Oui, messieurs, mais c'est un acte de folie collective, c'est un acte de folie algérienne. Il y a eu un homme pour écrire cettre lettre, mais il y a eu un journal pour la publier (*Vifs applaudissements.*)

M. **Charles Bernard**. — Et vos journaux qui attaquent Marchand et le comparent à Vacher? (*Rumeurs à gauche.*)

Gustave Rouanet. — Il y a non seulement un journal pour imprimer ces choses-là, mais il y a encore un public pour les lire, un public que ces ignominies ne révoltent pas ; et cela vous montre, messieurs, à quel degré d'aberration morale, à quel degré de bassesse intellectuelle on est tombé dans certains milieux algériens. (*Vifs applaudissemets.*)

TOUT UN SYSTÈME

Et comment ne serait-on pas tombé là, messieurs? Quel est le système que l'on a suivi, et que l'on suit depuis deux ou trois ans d'une façon permanente, constante, pour provoquer et perpétuer ces accès de folie algérienne?

Le système est bien simple. A ces Espagnols, à ces Italiens, à ces Français qui ne voient plus la France que de loin, qui ne lisent plus que les journaux — car nous exportons en Algérie moins de livres qu'en Allemagne,

— on dit : Le juif est la cause unique de toutes les misères qui pèsent sur l'Algérie, Au colon qui a perdu sa terre on dit : C'est le juif qui l'accapare. A celui qui demande du crédit dans les banques, — et M. Morinaud le répète dans son projet d'abrogation du décret Crémieux comme dans sa proclamation aux électeurs de Constantine, — on dit : Ce sont les juifs qui abusent du crédit des banques. Y a-t-il des commerçants dont les affaires ne prospèrent point? On dit : C'est le commerce juif qui par ses faillites amène l'instabilité commerciale.

En un mot, messieurs, on a fait croire que les juifs avaient en Algérie une influence délétère permanente, en même temps qu'une situation économique prépondérante; qu'il était possible de les chasser pour donner leurs dépouilles à ceux qui resteraient là-bas. (*Très bien! très bien! à l'extrême gauche.*) Car le langage par instants modéré qu'ont apporté à la tribune les députés antijuifs n'est pas sincère; le réquisitoire prononcé par MM. Morinaud et Marchal devait se terminer par la formule qui est sur toutes les lèvres, dans toutes les réunions antijuives : Mort aux juifs! — A bas les juifs! — Les juifs à la porte! (*Très bien! très bien! à l'extrême gauche.*)

M. Marchal. — Jamais je n'ai rien dit ni écrit de pareil. (*Bruit à l'extrême gauche.*) Je vous mets au défi d'en apporter la preuve.

A l'extrême gauche. — En tout cas, ce sont des cris qui ont été proférés!

M. Marchal. — Vos amis crient bien autre chose contre la France et la patrie elle-même! (*Vives réclamations à l'extrême gauche.*)

Gustave Rouanet. — Il me suffira de faire observer à la Chambre que M. Marchal est le compagnon de liste de M. Edouard Drumont. Bon catholique en même temps qu'antijuif, M. Drumont n'est pas un de ces athées, comme MM. Marchal et Morinaud, qui considèrent les passions religieuses comme une infirmité; il les considère, au contraire, comme une nécessité sociale.

Et vous, qui avez été le compagnon de liste de M. Drumont, soutenu par les mêmes comités, vous êtes dans cette Chambre le représentant de l'antisémitisme de M. Drumont, et cet antisémitisme féroce, mais sincère, ne se résume-t-il pas dans l'expulsion des juifs et dans cette expulsion qui a été promise aux Algériens ?

Je sais, — et j'en parlerai tout à l'heure, — qu'une combinaison est en voie de préparation ; elle est en train de se dessiner avec la conversion nouvelle de M. Marchal (*Rires à gauche. — Mouvements divers.*)

M. Marchal. — Je n'ai jamais varié sur ce point ! *Exclamations ironiques à l'extrême gauche.*)

Gustave Rouanet. — C'est l'expulsion des juifs qui est la base même de l'antisémitisme algérien, comme de l'antisémitisme français.

On le croit en Algérie ; ces populations ignorantes et fanatiques croient positivement que, le jour où les juifs seront expulsés, ceux qui n'ont pas de places en trouveront, ceux qui n'ont pas de terres en auront, ceux qui ne jouissent pas aujourd'hui du crédit qu'ils désirent, n'auront qu'à se présenter dans les banques.

M. Charles Dumont. — Alors le miracle du collectivisme sera réalisé !

Gustave Rouanet. — Je regrette que, professeur de philosophie, vous connaissiez si peu le collectivisme. (*Applaudissements à l'extrême gauche.*)

M. Cadenat. — Ils sont nombreux ceux qui l'ignorent ; on le leur apprendra.

M. le président. — Ce n'est pas le moment. (*On rit.*)

Gustave Rouanet. — Je sais combien la méthode que j'ai adoptée est fatigante...(*Non! Non! — Parlez!*) Il est fatigant de toujours entendre des citations ; mais, je vous l'ai dit au début, je tiens à apporter ici non pas des allégations plus ou moins vagues, mais des documents.

LA MAIRIE DE CONSTANTINE

Pour vous donner une idée de la puissance de suggestion du mensonge incessamment répété, je veux vous citer le cas suivant : En 1896, à Constantine, il y a eu des élections municipales. Savez-vous sur quelle plate-forme la population de Constantine a bataillé pendant des jours, des semaines et des mois? Oh! le mot d'ordre était bien simple, c'était le suivant : « Les juifs à la porte de la mairie ! »

Il était entendu qu'à Constantine comme partout, les juifs se sont emparés de tous les emplois. A tous ceux qui étaient sur le pavé on disait : Mettez les juifs à la porte. Et quand la municipalité antijuive, par ce moyen, fut arrivée à la mairie, on se disposa à procéder au nettoyage de ces écuries d'Augias, de cette mairie de Constantine infectée de juifs.

M. Morinaud. — Vous en faites autant dans vos municipalités. (*Réclamations à l'extrême gauche.*)

M. le président. — Monsieur Morinaud, vous avez prononcé un discours auquel la Chambre a prêté une très grande attention : veuillez écouter celui-ci, qui est également intéressant. (*Très bien! très bien!*)

Gustave Rouanet. — Il y a à Constantine 149 employés à la mairie, qui se partagent un petit budget de 303.000 francs, rien que pour le personnel. (*Exclamations et rires.*)

M. Paul de Cassagnac. — Ce sont les sauterelles !

Au centre. — C'est un ministère ! (*Nouveaux rires.*)

Gustave Rouanet. — Vous vous dites tout de suite : on a dû faire une hécatombe de juifs, et immédiatement tous les Français sans emploi ont dû trouver des places ! Oui, on a fait une hécatombe de juifs, car M. Morinaud était là avec son journal qui, tous les jours, disait : Les juifs à la porte de la mairie! Il était là, lui, le censeur austère du parti antisémite, à qui rien n'échappait, et si une concierge de mairie, payée à raison de 20 francs par mois, n'était pas congédiée du jour au lendemain. M. Morinaud tonnait dans le *Républicain* : Il y a encore un juif!

Qu'a produit l'hécatombe antijuive de Constantine? Le voici. Sur 149 employés de la mairie, dépensant un budget de 303.000 fr., on a exclu tous les employés juifs. Alors on a renvoyé un sous-chef de bureau qui n'avait pas eu d'avancement depuis douze ans; fils d'un juif décoré de la Légion d'honneur sous l'empire pour services militaires rendus à la France, il a été mis à la porte; il comptait dix-sept ans de services.

Il y avait ensuite un autre juif nommé Moïse Adda, employé depuis six ans. Il avait été admis à la mairie après un coucours réglementaire qui excluait toute idée de faveur ou de privilège; on l'a jeté à la rue, et M. Morinaud a fait à ce « sale juif » un grand grief. Il n'a pas eu la pudeur de s'en aller, disait-il, de quitter son emploi.

Ce « misérable capitaliste » est resté jusqu'à ce qu'on l'ait mis à la porte; il gagnait 150 francs par mois. Vous comprenez quelle épuration pour le budget algérien que le renvoi de ce Moïse Adda, père de famille !

Il y avait encore un agent de police comptant vingt-trois ans de services, qui a été également congédié, aux applaudissements de bandes faméliques...

M. Paul de Cassagnac. — On a traité les juifs en Algérie comme on traite les catholiques en France. (*Très bien ! très bien ! à droite. — Mouvements divers.*)

M. Lerolle. — De modestes fonctionnaires de la ville de Paris ont été chassés de même, parce que leurs enfants allaient à l'école des sœurs. Et vos amis, monsieur Rouanet, ont approuvé cela ! Vous ne vous indigniez pas, alors. (*Très bien! très bien! à droite. — Bruit.*)

Gustave Rouanet. — Je suis très heureux de constater la solidarité de ce côté de la Chambre (*la droite*) avec les antijuifs. (*Vifs applaudissements à l'extrême gauche et sur divers bancs à gauche. — Bruit à droite.*)

M. Paul de Cassagnac. — Il est absolument impossible à ce côté de l'Assemblée *(la droite)* d'accepter les paroles qui viennent d'être prononcées par M. Rouanet. Entre nous, catholiques, et les juifs il n'y a d'autre solidarité que celle des mauvais traitements qu'ils subissent eux en Algérie, et nous en France, de votre part. *(Applaudissements à droite.)*

Gustave Rouanet. — Messieurs, j'ai voulu constater simplement — et les paroles de M. de Cassagnac ne vont pas à l'encontre de ma constatation — que vous approuvez des méfaits comme ceux que je viens de signaler à la Chambre. *(Très bien! très bien! à gauche.)*

M. Paul de Cassagnac. — Non! non!

M. Lerolle. — Nous disons que vous, vous n'avez pas le droit de vous en indigner !

M. Paul de Cassagnac. — J'ai le droit de dire que ce que vous reprochez aux antisémites d'Algérie de faire contre les juifs, vous, qui prétendez faussement être des libéraux, des amants de la liberté, vous le pratiquez contre les catholiques, en France, avec le même despotisme et la même tyrannie. *(Très bien! très bien! à droite. — Bruit à gauche.)*

M. Eugène Fournière. — Il est bien reconnu, n'est-ce pas ? que le Gouvernement empêche les haut fonctionnaires d'envoyer leurs enfants chez les congréganistes ? *(Bruit.)*

M. Morinaud. — Voulez-vous me permettre un mot, monsieur Rouanet ?

M. le président. — Je vais vous inscrire, monsieur Morinaud. Cela vaudra mieux.

M. Morinaud, — Je voulais simplement dire à M. Rouanet que je répondrai sur tous ces points.

Gustave Rouanet. — Messieurs, on a mis sur le pavé de Constantine quatre juifs qui étaient employés à la mairie et dont le traitement, sur un budget total de plus de 300.000 fr., n'arrivait pas à 8.000 fr. Et j'ajoute — je vais le prouver dans un instant — que ce qui s'est passé à la mairie de Constantine est exactement l'image de ce qui se passerait en Algérie si l'antisémitisme triomphant avait complètement chassé les juifs de tous les emplois qu'ils occupent. M. le gouverneur général a bien voulu, en effet, me communiquer — bien tard — quelques chiffres.

A cet égard, j'ai une observation générale à présenter sur toutes les communications du gouverneur général. Je lui reproche, dans des matières aussi délicates, de ne pas renseigner suffisamment et le Gouvernement et les députés qui lui demandent des renseignements... (*Mouvements divers.*)

Messieurs, attendez, vous allez voir : c'est un reproche fait dans des termes, me semble-t-il, qui peuvent être admis par la Chambre.

LES JUIFS DANS LES EMPLOIS PUBLICS

Nous avons tous cru longtemps, et il y a encore ici beaucoup de gens qui croient qu'une partie des griefs imputés aux juifs sont fondés. Si M. le gouverneur général avait, dès le premier jour, ou si les gouverneurs généraux avaient, dès le premier jour où la question juive s'est posée, montré quelle était la situation réciproque des diverses catégories de populations en présence sur le sol algérien, bien des malentendus, bien des mensonges et bien des calomnies ne se seraient pas produits, parce que, le plus souvent, ce que l'on rapporte soit dans les livres, soit dans les journaux, ce sont des faits absolument inexacts.

Ainsi M. Morinaud prétend — j'ai là sa phrase même — que les juifs non seulement drainent par l'usure tout l'or du pays, mais qu'encore ils envahissent nos administrations, occupent tous les offices les mieux rétribués, ne laissant aux Français que des emplois difficiles et peu payés.

Eh bien ! j'ai demandé à M. le gouverneur général de vouloir bien me fournir un état détaillé de la situation respective des employés français, naturalisés et juifs. Les chiffres que m'a fournis M. le gouverneur général sont absolument insuffisants, parce qu'ils donnent des chiffres globaux, et qu'ils n'indiquent pas la part budgétaire afférente aux emplois. Néanmoins, malgré cet inconvénient, et grâce à quelques renseignements que j'ai pu recueillir, je vais vous faire toucher du doigt combien inexactes sont les allégations apportées à cette tribune et par M. Morinaud et par M. Marchal.

Il y a en Algérie 17.843 fonctionnaires; je vous prie de retenir ce chiffre, sur lequel j'aurai l'honneur de revenir tout à l'heure. Sur quatre votants, ne l'oubliez pas, messieurs, sur quatre votants il y a un fonctionnaire qui défend sa place, un autre qui veut la lui prendre, un troisième qui est retraité, et un quatrième qui est tiraillé entre les trois autres.

M. Paul de Cassagnac. — Et tous républicains !

Gustave Rouanet. — Oh ! cela leur est égal; ils n'ont pas d'opinion.

M. Napoléon Magne. — Tout cela n'est pas la faute des antisémites, c'est la faute du principe républicain. (*Bruit.*)

Gustave Rouanet. — Sur ces 17.843 fonctionnaires, combien y a-t-il de juifs? il y en a en tout 256, alors que les juifs forment le neuvième de la population française.

Ne voyez-vous pas tout de suite quelle plaisanterie macabre il y a dans les affirmations apportées à la tribune que les juifs chassent des administrations les bons Français? Ne trouvez-vous pas qu'il y a de la part de ceux qui portent des accusations si peu fondées, et qui en prennent texte pour se livrer à des outrages odieux contre les juifs un véritable système de calomnies à répétition, ainsi qu'on le disait de la faillite (*Applaudissements à gauche*), système qui consiste à pousser les populations les unes contre les autres et à exciter l'ensemble de la population française contre la population juive ?

M. Morinaud. — Et vous, vous n'excitez pas les gens en France ! (*Bruit.*)

Gustave Rouanet. — Mais les chiffres que je viens de vous fournir ne sont que des chiffres globaux. J'ai pu me procurer la liste des fonctionnaires existant dans l'administration de la justice, dans les offices ministériels, dans l'administration des domaines et de l'enregistrement.

Vous avez entendu M. Morinaud, hier, dire à cette tribune : « A Constantine, il y a trois huissiers juifs, à tel autre endroit, il y a tant d'interprètes juifs. »

Mais ces juifs sont comme les chevaux de cirque (*On rit*), ils repassent dans toutes les interpellations relatives à l'Algérie : j'ai déjà entendu parler des trois huissiers juifs de Constantine et des interprètes de Batna ou de Sétif.

UN DÉNOMBREMENT ÉDIFIANT

Voyons, messieurs, quelle est en réalité la situation. La voici :

Il y a, près la cour d'appel d'Alger, 29 conseillers français ; combien de juifs par rapport à ces 29 Français ? Il y a un juif, qui est d'origine lorraine.

On compte 9 procureurs généraux et 8 avocats généraux français près la même cour d'appel ; sur ce nombre, combien de juifs ? 0.

Il y a 9 greffiers et commis-greffiers près la même cour. Combien de juifs ? 0.

Il y a 3 interprètes. Combien de juifs ? 0.

Il y a, comme avoués et défenseurs près la cour d'appel, 7 Français. Combien de juifs ? 1.

Il y a 101 présidents et juges des tribunaux civils, tous Français. Combien de juifs ? 0.

Il y a 37 procureurs et substituts près des tribunaux français. Combien de juifs? 0. *(Applaudissements à gauche — Mouvements divers.)*

Je n'ai pas voulu apporter des affirmations vagues et imprécises. Je sais que c'est très fatigant à entendre...

A gauche. — Non ! non ! Parlez ! C'est au contraire très intéressant et très édifiant.

Gustave Rouanet. — Il y a un greffier ou commis-greffier juif contre 52 français, 2 israélites interprètes près les tribunaux contre 15 français, 1 défenseur juif contre 15 français, 1 avoué juif contre 33 français.

M. Paul de Cassagnac. — « Contre » est le mot ! *(Bruit à gauche.)*

Gustave Rouanet. — Il y a 4 notaires juifs et 87 français, 10 huissiers juifs et 101 français. Il y a 21 commis-saires-priseurs français; combien de juifs? 0.

Un membre à droite. — C'est étonnant.

Gustave Rouanet. — Vous dites : « C'est étonnant ». Eh! je le sais bien ! J'ajoute que si M. le gouverneur général, le 23 décembre dernier, avait fait parvenir ces dé'ails à M. le président du conseil, celui-ci, mieux informé, ne serait pas venu dire à la tribune, — ce qui n'a surpris personne, d'ailleurs! — que les juifs, en Algérie, tiraient la couverture à eux, aux moyens des emplois et de la solidarité.

M. le président du conseil. — Pardon! monsieur Rouanet, voulez-vous me permettre une observation?

Gustave Rouanet. — Bien volontiers.

M. le président du conseil. — Le personnel dont vous venez de parler n'est pas à la disposition et sous la dépendance de M. le gouverneur général. C'est le minis-tère de la justice qui aurait pu vous fournir ces rensei-gnements si vous les aviez demandés, et je vois qu'il vous les a fournis.

Gustave Rouanet. — Monsieur le président du con-seil, j'estime qu'en ces matières, il importe peu que les renseignements viennent du ministère de la justice ou du gouverneur général. L'essentiel, c'est que nous sachions ce qui se passe, c'est qu'on puisse, d'une piqûre d'épingle, dégonfler ces vastes vessies qu'on apporte à la tribune et qui ne renferment que du vent ainsi qu'on s'en aperçoit lorsqu'on* y regarde de près. (*Très bien ! très bien ! à l'extrême gauche et sur divers bancs à gauche.*)

Il y a 170 employés français au service de l'enregistrement ; parmi eux, il n'y a pas un juif! Il y a 142 juges de paix français, sur ce nombre il y a 2 juifs. Sur 48 greffiers de justice de paix, il y a 4 juifs !

Eh bien, encore une fois, que reste-t-il des assertions de M. Morinaud et de M. Marchal ?

M. Morinaud, *ironiquement.* — Rien !

Gustave Rouanet. — Vous l'avez dit, il n'en reste rien ! Rien !

L'ÉVOLUTION ÉCONOMIQUE

M. Marchal et M. Morinaud auraient-ils, par hasard, apporté des renseignements plus exacts en ce qui concerne l'évolution économique des juifs? Oh! je le sais, ils reprochent aux juifs, non seulement l'abus du crédit de banque, mais encore l'accaparement de la terre par l'usure, et ils ont cité des faits ; ils reprochent aux juifs, non seulement d'accaparer la terre par l'usure, mais encore de faire fortune au moyen de ce que M. Marchal a appelé — et M. Morinaud l'a rappelé avec complaisance — la faillite à répétition.

M. Gervaize. — Il n'y a pas besoin d'aller en Algérie pour voir cela !

Gustave Rouanet. — Sur ce point j'ai demandé à la banque d'Algérie ou plutôt — car je ne suis pas suffisamment accrédité auprès de la banque d'Algérie pour m'adresser à elle directement (*On rit*) — j'ai fait demander à la banque d'Algérie de m'adresser le total des opérations faites avec les diverses catégories de populations existant

dans le pays. Vous comprenez combien ces renseignements, si la banque me les avait adressés seraient intéressants à connaître. J'ai demandé aussi qu'on mît en
regard de chaque catégorie d'emprunteurs le total des
pertes subies par la banque. J'ai fait demander ces renseignements par un de nos collègues qui ne les a pas
encore reçus. Mais on m'a procuré une attestation du
directeur du Crédit lyonnais d'Alger. Voici la réponse
qu'il a faite au sujet des juifs:

« Monsieur,

« Répondant à la demande que vous nous avez
adressée, nous nous plaisons à reconnaître que les opérations traitées par notre agence avec le commerce
israélite indigène d'Alger ont laissé toute satisfaction à
notre administration.

« Depuis que notre agence a été créée, les opérations
d'escompte que nous avons traitées à Alger avec le commerce israélite se sont élevées à 350 millions environ et
le total des pertes que nous avons éprouvées n'a pas
dépassé 12.000 fr. »

Messieurs, comparez ce total de 12.000 fr. sur 350 millions, avec la remise de 240.000 fr. que, sur une seule
créance de 440.000 fr. la banque d'Algérie a dû consentir
à M. Morinaud, banquier à Djidjelli (*Mouvements divers*),
et dites-moi où sont ceux qui abusent du crédit des banques; et dites-moi de quel droit vous reprochez aux
israélites d'abuser du crédit, alors qu'il existe des attestations comme celle que je viens de faire passer sous vos
yeux, rendant hommage à la loyauté de leurs opérations
avec les institutions de crédit. (*Applaudissements à l'extrème gauche et à gauche.*)

L'ACCAPAREMENT DES TERRES

Messieurs, est-ce que les renseignements apportés par
M. Morinaud sur l'accaparement des terres par les juifs

sont plus exacts? Il vous a cité hier M. Zermatti — ou
plutôt la famille Zermatti, et il vous a dit en passant.
négligemment, que les Zermatti ont à eux seuls à Sétif
plus de 10.000 hectares.

J'ai déjà vu la même accusation portée par M. Morinaud dans l'exposé des motifs de son projet d'abrogation
du décret Crémieux. J'ai voulu en avoir le cœur net; j'ai
voulu savoir ce qu'il y avait derrière ces renseignements
individuels isolés, savoir non pas si les déductions qu'on
en tire ne sont pas arbitraires et systématiquement
fausses — cela, je vous le montrerai tout à heure —
mais si véritablement les affirmation qu'on apporte à
cette tribune sont sérieuses et contrôlées.

Eh bien, j'ai là, dans mon dossier, une déclaration
de trois notaires chez qui se sont faits les achats des Zermatti, auxquels on reproche des achats à réméré, des
accaparements et des expropriations de colons. Les
notaires déclarent d'abord que les Zermatti, Isaac et
Jacob, n'ont pas les 10.000 hectares qu'on leur reproche
de posséder, que non seulement Isaac et Jacob Zermatti,
propriétaire à El Anasser, n'ont jamais fait des achats à
réméré, mais encore qu'ils n'ont jamais acheté un bien
dans lequel ils étaient expropriateurs ou poursuivants.
(*Vifs applaudissements à l'extrème gauche et à gauche.*)

Je demande alors à M. Morinaud : Pourquoi reprochez vous à ces juifs d'avoir créé à El Anasser une propriété achetée à un prix supérieur au prix payé par des
Français dont j'ai ici la liste, dans les mêmes conditions?
Pourquoi reprochez vous à ces juifs d'avoir créé ce
domaine? Le reproche que l'on peut adresser aux juifs,
c'est de trop se confiner dans leur rôle d'intermédiaires
et ce qu'on reproche à ceux-ci, c'est d'avoir créé un
domaine sur lequel ne sont pas, ainsi que l'affirme
M. Morinaud, des khamess arabes travaillant au cin-
quième, mais des colons français, un domaine qui est
exploité avec des machines à vapeur, où les derniers per-
fectionnements agricoles ont été appliqués ? Pourquoi,
dis-je, venez-vous, à cette tribune, sans avoir contrôlé

les faits, sans savoir si ce que vous dites est exact, porter contre des citoyens français des accusations pareilles ? (*Vifs applaudissements à l'extrême gauche et à gauche.*)

M. Morinaud. — J'ai la liste des acquisitions, monsieur Rouanet.

Gustave Rouanet. — J'apporterai devant la commission d'enquête tous les documents dont je vais vous entretenir.

M. Morinaud. — Moi aussi, j'en ai 10 kilos !

Gustave Rouanet. — Soyez tranquille ; j'en ai autant, moi (*Rires*) ; seulement laissez-moi les faire passer d'abord sous les yeux de la Chambre.

A l'extrême gauche. — C'est une lutte de poids.

Gustave Rouanet. — Non, messieurs ; je ne juge pas les documents au poids ni à la quantité. La Chambre va les juger à leur valeur. (*Très bien ! très bien !*)

Vous reprochez à M. Zermatti d'avoir acheté tout un village à El Anasser ; mais j'ai là les actes d'achat faits par un certain M. Jules Morinaud, banquier à Djidjelli, ancien maire de Duquesne, qui, sur 70 lots agricoles, en a acheté 47, c'est-à-dire plus de la moitié du village. (*Applaudissements répétés à l'extrême gauche et à gauche.*)

Je ne dis pas que M. Jules Morinaud, banquier à Djidjelli, n'ait pas eu le droit de faire cela ; je ne lui conteste pas le droit d'acheter, de se rendre maître de plus de la moitié du village ; mais en quoi, je vous prie, les acquisitions de M. Zermatti sont-elles moins licites que celles de M. Morinaud ? (*Applaudissements et rires à l'extrême gauche et à gauche.*)

M. Morinaud. — Je fais observer à la Chambre que pour la seconde fois dans cette enceinte mon père est attaqué. (*Interruptions et dénégations sur divers bancs.*)

M. le président. — Il n'y a pas eu d'attaques, monsieur Morinaud. Je ne les aurais pas tolérées. (*Très bien ! très bien !*)

A gauche. — Ce sont des faits constatés.

M. Morinaud. — Je réponds à M. Rouanet que j'ai fait à la tribune la critique de la loi de 1887, qui permet la licitation de douars entiers. J'ai ajouté que M. Zermatti, en particulier...

Rouanet. — Lequel! Ils sont trois.

M. Morinaud. — Ils sont même quatre. Je vais vous donner immédiatement son nom : M. Isaac Zermatti qui, le 15 mars 1899, monsieur Rouanet, vous a adressé une lettre dont j'ai entre les mains la copie, a fait usage de cette loi de 1887 pour exproprier des indigènes. Vous répondez en disant que M. Morinaud père a acheté des terres à la barre du tribunal de Bougie. Mais vous oubliez d'ajouter ce simple fait que M. Morinaud père n'a point fait usage de la loi de 1887, qu'il ne s'agissait pas d'indigènes, mais de colons français expropriés par le Crédit foncier. (*Mouvements divers.*)

En vérité, messieurs, qu'est-ce que cela a de commun avec l'application de la loi de 1887, avec l'accusation que j'ai portée à la tribune contre M. Zermatti? (*Bruit.*)

A l'extrême gauche. — Les catholiques sont plus coupables que les juifs!

M. Morinaud. — M. Rouanet disait tout à l'heure — je crois ne pas me tromper — que M. Zermatti n'avait jamais fait usage de cette loi de 1887 contre les indigènes...

Gustave Rouanet. — Non, monsieur Morinaud ; j'ai dit que M. Zermatti n'avait jamais fait usage de ce que vous lui reprochez dans l'exposé des motifs de votre proposition tendant à l'abrogation du décret Crémieux. Vous dites, en effet : « Grâce à l'emploi constant de la vente à réméré et de la procédure d'indivision, les indigènes israélites parviennent à créer de véritables *latifundia*. »

Or, je dis et je maintiens que vous avez porté contre M. Zermatti une accusation très mal fondée. J'ai, en effet, la liste comprenant l'ensemble des propriétés achetées par M. Zermatti.

M. Morinaud. — Moi aussi !

Gustave Rouanet. — J'ai là des déclarations des notaires et je constate que, contrairement aux assertions de M. Morinaud, M. Zermatti n'a pas une seule vente ni un seul achat à réméré.

Je n'ai pas confondu avec la loi de 1887, puisque je vous dis que non seulement M. Isaac Zermatti a acheté des terres d'après la loi de 1887, mais encore que j'avais la liste de nombreux Français qui ont acheté des terres dans les mêmes conditions que lui, avec cette seule différence que M. Zermatti a payé un peu plus cher.

Je dis que M. Zermatti avait parfaitement le droit de créer le domaine qu'il a créé à Sétif et à El Anasser. Vous lui reprochez d'avoir, par l'usure, exproprié des colons ; je vous dis : non, il n'y a pas eu d'expropriation de colons. J'ai là les déclarations des notaires, et j'ajoute que, dans les mêmes circonstances, M. Jules Morinaud, banquier à Djidjelli, a acquis à Duquesne 47 lots sur 70 lots agricoles. Il s'agit donc bien là non pas de propriétés indigènes, mais de propriétés européennes, de propriétés de ces colons que vous accusez les juifs d'exproprier.

M. Morinaud. — Ces 47 lots ont été achetés, comme tout le monde aurait pu le faire, à la barre du tribunal.

Gustave Rouanet. — Messieurs, pas d'équivoque, ni de confusion. Je dis et je maintiens que M. Zermatti a acheté un certain nombre de propriétés dans les mêmes conditions que M. Jules Morinaud. Je n'ai jamais contesté à M. Jules Morinaud le droit qu'il avait d'acheter des propriétés à la barre du tribunal de Bougie, mais j'ajoute que ce qui est licite à M. Jules Morinaud doit être licite à M. Zermatti, et qu'on ne doit pas apporter ici d'une façon si inconsidérée des noms de personnes, des faits isolés, des faits individuels, qui ne signifient rien du tout. (*Très bien! très bien! à l'extrême gauche.*)

LES RÉSULTATS GÉNÉRAUX

En effet, ce qu'il faut voir, ce n'est pas ce que M. Zermatti a acheté, ce n'est pas ce qui s'est passé à tel endroit, ce sont les résultats globaux, les résultats généraux. Et voilà encore où j'aurai à critiquer M. le gouverneur général, car ces résultats qui ne sont pas connus de la Chambre, devraient être connus de la France entière et de l'Algérie.

Nous devrions savoir à l'heure actuelle qu'elle est la part de propriété qui est allée aux juifs, quelle est celle qui est allée aux naturalisés, quelle est celle qui est allée aux Français. Et ne dites pas que ce n'était pas facile, car je vais vous donner la preuve du contraire. M. Maurice Wall, dans un livre très beau sur l'Algérie, qui est en quelque sorte classique, et dont la dernière édition est de 1897, nous a donné quelques résultats globaux sur l'application des lois de 1873 et de 1887 à la date de 1892. Savez-vous à quels chiffres globaux on arrive? Les juifs, dit-on, exproprient les Arabes. Eh bien! voici la situation :

Il y avait au 1er janvier 1893, 198 000 hectares expropriés. Sur ce nombre, les juifs avaient pris 14.000 hectares. Et l'on vient vous dire que ce sont eux qui exproprient les indigènes. C'est trop fort! et je ne puis contenir mon indignation quand je vois apporter à cette tribune de telles accusations contre toute une catégorie de citoyens français, qui sont nos égaux devant la loi et devant le droit. (*Applaudissements à l'extrême gauche et sur divers bancs.*)

D'autre part, M. le gouverneur général m'a donné les chiffres globaux des expropriations, mais sur ce point encore il ne m'a pas envoyé tous les renseignements que je lui avais demandés, c'est-à-dire la liste des expropriations non seulement par catégories de populations, mais aussi avec le nombre d'hectares expropriés, et le nombre des co-propriétaires. C'étaient là des détails intéressants. M. le gouverneur général ne m'a communiqué que les chiffres globaux des expropriations:

Quels sont-ils? Il y a eu 3.256 expropriations sur lesquelles 2.847 faites par les Européens et 419 par les juifs, soit 12,87 p.100. Mais ce n'est pas tout. Ces 419 expropriations ne représentent pas les 12,87 p. 100 de la propriété arabe expropriée. En effet, dans ces expropriations sont comprises les expropriations rurales et urbaines. Ce qui nous intéresse surtout. ce sont les expropriations rurales, les expropriations agricoles; ces chiffres ne nous les donnent pas. Mais nous savons que les juifs, quand ils se sont enrichis, quand ils se retirent du commerce. achètent surtout des maisons, des propriétés urbaines ; ils aiment mieux les propriétés urbaines que les propriétés rurales. Par conséquent, ces expropriations dont on parlait à la tribune comme l'œuvre exclusive des juifs sont loin de représenter 12,87 p. 100 de la propriété rurale; ce n'est qu'un chiffre pour ainsi dire infinitésimal.

Donc, encore sur ce point. toutes les allégations émises sont fausses. Oui, les Arabes sont expropriés ; oui, les indigènes perdent leurs terres, mais ce ne sont pas les juifs qui les exproprient, ce sont les Français, les Européens, ce sont les Espagnols, les Italiens, ce sont les Maltais ; c'est en un mot la population européenne. On n'a pas le droit d'apporter à cette tribune des accusations contre toute une catégorie de population quand elles sont aussi manifestement fausses. (*Applaudissements à l'extrême gauche et à gauche.*)

LES ACHATS A RÉMÉRÉ ET L'USURE

Parlons maintenant des achats à réméré dont on vous a fait un tableau si noir. Sur ce point, qu'il me soit permis de rappeler ce que disait Jaurès. Mon éloquent ami, en 1898, a prononcé ici un discours dans lequel, se fiant aux chiffres courants, aux renseignements que l'on donne tous les jours sur le caractère usuraire des opérations juives, il flétrissait les achats des propriétés indigènes par les juifs. Eh bien ! il n'en est rien, et j'appelle toute votre attention sur les chiffres que je vais vous donner parce que vous verrez là le miroir de l'usure algérienne.

En effet, il y a eu, pour la période de 1894 à 1898, un total de 3 383 achats à réméré. Combien d'achats faits par les juifs ? 412. Combien par les Européens ? 1.081, et combien par les Arabes ? Les Arabes entrent dans le total précédent pour 1.890. Ce qui vous montre que le facteur principal de l'usure, c'est l'indigène ; ce n'est exclusivement ni l'Européen ni le juif qui exploite l'Arabe, c'est surtout l'indigène. (*Mouvements divers.*) Oui, le grand exproprialeur de l'indigène, celui qui le pressure avec le plus d'implacabilité par l'usure, c'est le Kabyle, c'est le Mozabite qui pratiquent les prêts à des taux plus onéreux que l'Européen ou le juif.

Le juif, certainement, fait l'usure, comme tous les autres, ni plus ni moins; mais avez-vous le droit de tirer de quelques faits particuliers que vous apportez à celte tribune des conclusions générales? J'en ai aussi, moi, des faits particuliers. Croyez-vous que si je voulais vous les citer je ne pourrais pas tenir la tribune pendant deux heures en vous racontant des extorsions de toute nature commises parmi les anti-juifs?

Messieurs, j'ai là des textes, et des colons que j'ai interrogés sur la question m'ont envoyé des documents. A moi aussi on a fait connaitre des exemples d'usure ; et on m'a adressé surtout, ce qui est tout naturel, des exemples d'usure commis par les présidents des ligues antijuives. (*Rires.*)

Sur de nombreux bancs. — Lisez!

Un membre à l'extrême gauche. — Jalousie de métier, alors?

Gustave Rouanet. — Je ne veux vous citer qu'un cas ; et je verserai à la commission d'enquête un grand nombre de documents identiques. Celui-ci, c'est un fonctionnaire qui me l'a indiquée ; mais étant donné, comme je vous l'expliquerai tout à l'heure, que toute l'administration en Algérie est antisémite, je me garderai bien de le dénoncer.

M. Philippe Laloge. — Très bien! Il y a même des préfets antisémites.

Gustave Rouanet. — La commission d'enquête, elle, pourra défendre le fonctionnaire en question; je lui donnerai alors tous les renseignements nécessaires sur ce point comme sur bien d'autres.

Il y a ici, me dit ce fonctionnaire, un président de ligue antijuive qui, pour cette année seulement, depuis janvier 1899 jusqu'au mois d'avril, a fait quatorze prêts à des Arabes. Et savez-vous, messieurs, quel est le taux de ces prêts? Le taux varie de 49 à 292 pour 100 (*Exclamations et rires.*)

A droite. — Est-ce le taux habituel?

Gustave Rouanet. — Non, mais ce taux n'a rien d'extraordinaire, et je vais vous expliquer pourquoi : il s'agit surtout de prêts de semences, et, avant-hier encore, un colon algérien, qui n'est pas juif, me disait : le 100 pour 100 est chez nous courant; les colons prêtent généralement à 1 pour 2 quand ils prêtent une charge de blé ou de semence quelconque : pour une charge de blé on doit leur en rendre deux. Cela s'est fait déjà en 1868. A cette époque, il y a eu un comité de secours officiel qui a prêté aux indigènes pour la récolte suivante, non pas de l'argent car l'indigène l'aurait employé autrement, mais des grains à la condition de rendre deux charges pour une.

Je vais vous citer un autre fait. Il s'agit encore d'exploits antijuifs. On vous a parlé de la justice algérienne complaisante aux uns, sévère aux autres, et M. Morinaud a flétri ces préférences. Eh! oui, il en est en Algérie comme partout : les influences politiques sont toutes-puissantes. Hier, c'était les opportunistes qui triomphaient, aujourd'hui ce sont les antijuifs. Et voici un exemple, pour lequel je donnerai toutes les indications nécessaires à la commission d'enquête qui mettra au clair cette affaire avec bien d'autres.

Il y avait à Mascara un géomètre qui, un jour, vint trouver un Arabe et lui dit : « Tu as une belle propriété, veux-tu que je te la mesure? » — « Non, répond l'Arabe; je n'ai pas besoin de tes mesures. »

Alors le géomètre lui dit : « Mais si cela ne te coûte rien? » — « Si cela ne coûte rien, réplique l'Arabe, tu peux mesurer, mon ami. »

Le géomètre fait venir deux hommes, on arpente le terrain. Quand l'opération est terminée, il dit à l'Arabe : « Je ne te réclame rien pour moi, seulement il faut que tu payes la journée des deux hommes. » — « Je ne paye rien, » réplique l'Arabe — « Signe-moi ce petit billet, dit le géomètre, et je te tiens quitte. »

L'Arabe signe toujours. Il signe donc le billet qu'on lui présente. Et c'est ainsi que, muni de ce billet représentant le prix de ce qu'il considérait comme la rémuné - ration de l'arpentage de la propriété, le géomètre est devenu lui-même propriétaire du terrain. (*Exclamations sur divers bancs.*)

Comme ce géomètre est un excellen antisémite, un antijuif très pur, ainsi que doivent l'être les antisémites en Algérie, malgré les protestations de M. Massa, avoué et conseiller général de Mascara, aujourd'hui à Alger, malgré l'intervention de M. Rognon, directeur des affaires indigènes à la préfecture d'Oran, il a gardé la propriété en question.

Je répète messieurs, que je pourrais citer une foule de faits semblables; j'en ai des masses dans ce dossier, dont le volume a paru vous effrayer. Je m'en abstiens, me bornant à vous déclarer que l'usure n'a pas de confession. En Algérie, l'usure est pratiquée par les Européens, par les Français, par les naturalisés, par les juifs et par les Arabes, par tout le monde. On a dit avec raison qu'il y avait en Algérie deux seules industries prospères : l'usure et la politique. C'est vrai. (*Rires et applaudissements à gauche.*)

Sur divers bancs. — Reposez-vous! A demain.

LES FAILLITES

Gustave Rouanet. — Messieurs, il me reste un dernier point à examiner, un seul, qui ne me retiendra pas longtemps. (*Parlez ! parlez!*) Je voudrais le traiter pour terminer cette première partie et vous montrer que tout ce qu'on a dit ici du juif est faux.

J'arrive à la question des faillites.

M. Marchal a parlé des faillites à répétition. M. Morinaud, lui, a dit : Il faut supprimer le décret Crémieux ; c'est la cause de tous les crimes, de toutes les banqueroutes, de toutes les escroqueries dont les Français sont victimes.

Voyons ce que valent ces assertions.

M. le gouverneur général m'a envoyé, non pas tout ce que j'avais demandé, mais quelques chiffres sur les faillites en Algérie. J'appelle sur ces chiffres l'attention de la Chambre et j'espère qu'elle les trouvera topiques.

On compte en Algérie 31.128 commerçants ; les juifs entrent dans ce nombre pour 5.385 et les Français pour 14.440. Voyons quelle est la part de chacun de ces éléments dans les faillites.

Je vous prie, messieurs, de remarquer que les renseignements que m'a donnés M. le gouverneur général s'étendent sur la période de 1894 à 1898 ; c'est la période pendant laquelle l'antisémitisme a pris la forme violente et barbare qu'on lui voit actuellement, pendant laquelle on a mis à sac les boutiques et pillé les magasins. J'ai là de nombreux rapports de liquidateurs, d'experts près les tribunaux de commerce d'Alger et d'ailleurs, constatant que, avant cette période, les affaires des juifs prospéraient, mais qu'à la suite des pillages, des boycottages, des excès et sévices de toutes sortes commis entre eux, leur commerce a décliné, qu'ils ont été obligés de déposer leur bilan. C'est donc une période très mauvaise pour ces malheureux. Quelle est donc la part des juifs dans ces faillites algériennes.

Il y a eu 347 faillites d'israélites et 998 faillites de Français. Autrement dit, le chiffre des faillites, par rapport au nombre des patentés, est, dans le premier cas de 6,44 p. 100, dans le second de 6,88 p. 100, c'est-à-dire que sur 100 patentés juifs, il y a moins de faillites que sur 100 patentés français.

Oh! j'entends bien, j'entends d'ici M. Marchal dire: Oui! mais que rendent-elles ces faillites? Dans la faillite du juif, il reste zéro.

Eh bien, non. Voici les dividendes donnés par ces faillites; et je remercie M. le gouverneur général de m'avoir fourni ces renseignements. Vous allez voir ce qu'il faut croire du roman de la faillite juive, des accusations odieuses portées à cette tribune contre une catégorie de commerçants indispensables en ce moment à l'Algérie et qui sont, ne l'oubliez pas, les intermédiaires naturels entre le centre de l'Afrique, le nord de la colonie et la France elle-même.

M. Eugène Fournière. — Ils ont été les ravitailleurs de l'armée française pendant la conquête.

Gustave Rouanet. — Les faillites françaises rendent 13,50 p. 100 : combien rendent les faillites juives? 16, 50 p. 100. Les faillites juives rendent donc plus à leurs créanciers que les faillites françaises.

Mais ce n'est pas tout: il faut voir dans quelles conditions ces faillites sont prononcées. M. Marchal vous a parlé dans la première partie de son discours de l'impossibilité où on s'était trouvé d'appliquer en Algérie la loi sur la liquidation judiciaire, de faire bénéficier une population foncièrement malhonnête — ce sont les termes dont il s'est servi — de la loi sur les liquidations et surtout de l'organisation des tribunaux consulaires. Voulez-vous savoir de quelle façon les tribunaux consulaires d'Algérie, épurés des juifs, rendent la justice commerciale en Algérie.

Je veux terminer cette partie de mes observations par le trait suivant:

Il y avait en Algérie un déserteur belge, antisémite pur, naturellement, comme tous les déserteurs et tous les Belges établis en Algérie. (*Rires.*)

Il avait été secrétaire de consistoire israélite, et était devenu rédacteur en chef du principal journal antisémite d'Oran; il cumulait ces fonctions avec celles de commerçant.

Un jour, il dépose son bilan et demande au tribunal de commerce d'Oran, qui est antisémite, naturellement, composé de gens appartenant par conséquent à la population foncièrement honnête par rapport à la population commerciale juive qui ne l'est pas, d'après M. Marchal...

M. Marchal. — Et cela d'après les magistrats eux-mêmes.

Gustave Rouanet. — Nous allons voir ce que sont ces magistrats.

Notre antisémite déposa son bilan, demandant le bénéfice de la liquidation judiciaire; on le lui consentit.

Or, savez-vous combien cet antisémite très pur, cet antijuif modèle laissait à ses créanciers, tout en bénéficiant de la loi sur la liquidation? Il laissait 1,75 p. 100. (*Rires.*)

Attendez. Là-dessus, on crie à Oran: « A bas les juifs! » C'est la conclusion obligée. Mais les créanciers trouvèrent la conclusion mauvaise, la décision du tribunal d'Oran singulière. Ils en appelèrent. Notre modèle d'antisémitisme fut déclaré en faillite; il y eut des poursuites correctionnelles; notre antisémite très pur, comme un simple membre du conseil d'administration de la société de Panama, invoqua la prescription. Je ne sais pas quel est le Quesnay de Beaurepaire (*Applaudissements et rires*) qui, au tribunal d'Oran ou devant la cour d'appel d'Alger, permit à cet antisémite de jouir des bienfaits de la prescription; ce que je sais, c'est qu'actuellement — je le signale à M. le président du conseil; vous allez voir que l'antisémitisme nourrit toujours son homme...(*On rit*) —

actuellement il est secrétaire du commissaire de police de Nice. (*Hilarité.*) C'est comme cela, dans l'antisémitisme! On ne refuse jamais les places.

Un membre. — Il a mal fini. (*Nouveaux rires*).

Gustave Rouanet. — Je veux terminer sur ce point la première partie de mes explications.

Je vous ai montré, messieurs, que, contrairement à toutes les allégations apportées à cette tribune, les juifs ne pouvaient être rendus responsables ni des crises commerciales en Algérie, ni de l'expropriation des Arabes, ni des actes d'usure, ni de tous les crimes sociaux dont on les charge. La deuxième partie de mes observations consistera à vous faire voir que le réquisitoire que vous avez prononcé contre eux serait-il fondé, les juifs eussent-ils commis tout ce que vous leur reprochez — et ce n'est pas vrai — eussent-ils fait tout ce que vous avez imaginé contre eux, vous n'aviez pas le droit d'instituer là-bas le régime de violence, le régime de persécution et de pillage qui nous déshonore aux yeux de l'Europe et qu'il faut faire cesser (*Vifs applaudissements à l'extrême gauche et à gauche*), parce qu'il nous humilie dans notre dignité de citoyens français et nous blesse dans nos cœur d'hommes. (*Applaudissements répétés sur les mêmes bancs. — L'orateur, en regagnant son banc, reçoit les félicitations d'un grand nombres de ses collègues*)

M. Morinaud. — Quant à nous, nous crions de plus en plus fort, avec toute l'Algérie française et indigène : A bas les juifs! (*Exclamations.*)

M. le président. — Monsieur Morinaud, vous n'avez pas le droit de pousser ici un cri qui est une offense à une catégorie de citoyens français et à certains de vos collègues. (*Applaudissements.*)

DEMANDE D'INTERPELLATION

M. le président. — J'ai reçu de M. Laloge une demande d'interpellation sur la situation morale et économique du peuple israélite en Algérie.

M. Laloge, d'accord avec le gouvernement, demande que cette interpellation soit jointe aux autres interpellations sur l'Algérie.

M. Philippe Laloge. — Je demande la parole.

M. le président. — La parole est à M. Laloge.

M. Philippe Laloge. — J'avais déposé une demande d'interpellation pour exposer devant la Chambre la situation exacte que le parti antisémite réserve à l'heure actuelle au peuple israélite en Algérie. Je craindrais d'amoindrir devant le pays la portée du magistral discours de mon ami M. Rouanet en maintenant mon interpellation; je la retire et je demande à M. le président de me maintenir mon tour de parole après M Drumont pour me permettre d'apporter, s'il est nécessaire, de nouveaux documents et renseignements sur les exactions que les antisémites ont commises en Algérie. *(Applaudissements à l'extrême gauche.)*

SÉANCE DU 24 MAI

M. le président. — La parole est à M. Rouanet pour continuer son discours.

Gustave Rouanet. — Messieurs, je suis véritablement confus de venir solliciter votre attention après l'avoir retenue si longtemps dans la séance précédente. Je m'efforcerai de mériter les marques d'intérêt que vous m'avez témoignées en abrégeant le plus possible l'exposé des faits qu'il me reste à faire pour continuer la démonstration commencée vendredi dernier.

Pour ceux de mes collègues qui n'étaient pas présents et qui n'auraient pas lu le *Journal Officiel*, je voudrais d'abord résumer brièvement les points acquis de ma discussion.

Ces points acquis, messieurs, sont les suivants.

Je vous ai montré que les juifs, en 1870, n'avaient pas attendu leur naturalisation pour faire leur devoir patriotique, et que ceux qui sont venus à cette tribune leur reprocher le manque de courage militaire auraient dû faire un retour modeste sur eux-mêmes, car ceux-là n'avaient pas le droit de leur adresser ces reproches.

Je vous ai montré ensuite comment la naturalisation collective avait créé en Algérie un antisémitisme politique, purement politique, qui avait été s'aggravant à mesure que les conditions mentales et ethnographiques de l'Algérie s'altéraient et que s'effaçait progressivement l'esprit français dans une partie de notre colonie.

M. Pourquery de Boisserin. — Les Algériens sont tous Français et de fait et de cœur, croyez-le bien! (*Très bien! très bien!*)

Gustave Rouanet. — Et un de nos collègues, **M.** Morinaud, nous a donné lui-même l'exemple de cette mentalité, quand il est venu...

M. Pourquery de Boisserin. — Jamais, je le répète, l'esprit français ne s'est effacé de l'Algérie. Ils sont là-bas de bons Français comme nous tous ! (*Applaudissements.*)

Gustave Rouanet. — Monsieur Pourquery de Boisserin, je vous serais très obligé de bien vouloir ne pas m'interrompre ; vous savez, en effet, dans quelles conditions pénibles je prends la parole à cette tribune.

M. Morinaud. — Vous avez excité l'Algérie.

Gustave Rouanet. — Je connais le système que vous employez pour combattre vos adversaires, monsieur Morinaud...

M. Morinaud. — Ce n'est pas un système, c'est une vérité !

Gustave Rouanet. — Déjà samedi, un journal antisémite s'étonnait que, tuberculeux comme je le suis, j'aie pu... (*Exclamations.*) Oui, messieurs, cela s'est imprimé...

Divers membres à l'extrême gauche. — Ne répondez pas à cela !

Gustave Rouanet. — Si, messieurs! Il y a des choses qui doivent être dites à cette tribune. (*Applaudissements à gauche.*)

M. Pourquery de Boisserin. — Vous savez, mon cher collègue, avec quelle attention je vous écoute et combien je déplore et réprouve hautement d'aussi odieux procédés. Je regrette doublement mon interruption, inspirée par une pensée que votre cœur de Français approuve. *

Gustave Rouanet. — Messieurs, un journal antisémite a imprimé samedi dernier qu'on était étonné de voir un tuberculeux comme moi pouvoir monter à cette tribune. (*Exclamations à gauche. — Bruit.*)

A l'extrême gauche. — C'est honteux!

Gustave Rouanet. — Déjà M. Drumont, dans la *Libre Parole,* avait cru pouvoir mettre en contradiction avec moi mon cher et grand ami Jaurès, en prétendant que Jaurès abusait de l'état maladif dans lequel je me trouvais, qu'il savait que j'étais tuberculeux...

A gauche. — C'est abominable!

M. Edouard Drumont. — Je proteste énergiquement!

Gustave Rouanet. — Et M. Morinaud, enfin...

M. Edouard Drumont. — Monsieur Rouanet, voulez-vous me permettre un mot? (*Non! non! à l'extrême gauche. — Bruit.*)

Gustave Rouanet. — Laissez-moi achever ma pensée, monsieur Drumont.

Oui, messieurs, M. Drumont a dit cela, et je dois ajouter que M. Morinaud, au cours d'une harangue reproduite dans son journal que j'ai là, disait joyeusement aux antijuifs de Constantine que je crachais mes derniers poumons sur les antijuifs. (*Nouvelles exclamations et rumeurs à gauche.*)

M. Morinaud. — C'est faux!

Je demande la parole pour un fait personnel.

M. le président. — Vous aurez la parole tout à l'heure.

M. Edouard Drumont. — Monsieur Rouanet, je vous demande la permission de dire un mot.

M. le président. — Vous ne pouvez interrompre l'orateur sans son assentiment.

M. Edouard Drumont. — M. Rouanet me donne son assentiment.

Je vous déclare de la façon la plus formelle, monsieur Rouanet, qu'étant données les relations que nous avons eues ensemble, vous n'avez pu avoir le moindre doute sur la portée de ce que j'ai écrit. (*Vives exclamations à gauche.*)

M. Zévaès. — En voilà du judaïsme. (*Bruit.*)

M. Edouard Drumont. — Le mot m'a échappé et, je le répète, vous n'avez pas pu croire une minute qu'il ait été dit par moi dans une mauvaise intention. (*Nouvelles exclamations à gauche et à l'extrême gauche. — Bruit prolongé.*)

Gustave Rouanet. — Je rappelle cela pour expliquer à la Chambre que j'ai devant moi des adversaires qui comptent venir à bout de ma gorge et de mes poumons. Mais la vérité vous a pris, messieurs les antisémites, elle vous a mis la main sur l'épaule, elle ne vous lâchera pas, je vous le jure. (*Vifs applaudissements à l'extrême gauche et à gauche.*)

LES EXCITATIONS RELIGIEUSES

Et d'abord je constate que, vendredi, comme je le disais tout à l'heure, vous avez eu un cas de cette mentalité, de cette moralité algérienne, lorsque M. Morinaud est venu à cette tribune vous dire : « Moi, je ne suis pas clérical, je suis libre-penseur, » — et cela après avoir excité les passions religieuses des Italiens, après avoir prononcé ces paroles : « Comment ! vous êtes pour la plupart catholiques pratiquants, votre religion est la religion chrétienne, vous adorez le fils de Dieu, vous, vos femmes et vos enfants, et vous marchez la main dans la main avec les infâmes bourreaux du Christ! »

M. Morinaud. — Et j'ai signé cela? (*Exclamations au centre et à gauche.*)

J'ai bien le droit de faire observer que ce n'est pas signé « Morinaud ».

J'ai demandé la parole pour un fait personnel, et je préviens la Chambre que j'apporterai à la tribune dans quelques instants la contradiction formelle de toutes les erreurs et de tous les mensonges de **M**. Rouanet. (*Vives exclamations et bruit à gauche.*)

M. le 'président. — Monsieur Morinaud, je vous rappelle à l'ordre : vous ne pouvez employer de pareilles expressions à l'égard d'un de vos collègues. (*Très bien! très bien!*)

M. Morinaud —Quand on a entendu traiter son père comme M. Rouanet a traité le mien, on a le droit de qualifier ses paroles de mensonge. (*Rumeurs et bruits. — Très bien! sur divers bancs à droite.*)

M. Lasies. — Bravo, Morinaud!

M. le président. — Monsieur Morinaud, je vous prie de vous calmer; la Chambre vous entendra tout à l'heure.

Gustave Rouanet. — Ces excitations, M. Morinaud les a faites, elles ne sont pas contestées. M. Bos les a citées dans son rapport, et elles tombent dans un milieu profondément religieux même qnand elles ont pour auteur des athées... (*Bruit à droite.*)

Je ne comprends pas que de ce côté de la Chambre (*la droite*) on accepte que des hommes qui n'ont pas de religion, qui n'ont aucune conviction, aucun principe... (*Applaudissements à l'extrême gauche.*)

M. Paul de Cassagnac. — Monsieur Rouanet, nous vous avons écouté avec un silence absolu; nous vous prions de ne pas provoquer nos interruptions.

Gustave Rouanet. — Je n'ai provoqué aucune interruption; j'ai répondu simplement au cri de : Bravo, Morinaud!

M. Lasies. — C'est moi qui l'ai poussé.

M. le président. — Vous avez eu tort.

Gustave Rouanet. — Si les excitations religieuses, disais-je, ont une excuse dans la foi, dans la passion, elles n'en ont pas quand celui qui les fait, n'est ni croyant, ni passionné, ni chrétien, ni catholique. (*Applaudissements à l'extrême gauche. — Interruptions à droite.*)

Et ces excitations sont d'autant plus dangereuses qu'elles tombent dans un milieu profondément chrétien et catholique. Vous dites que M. Max Régis, à Alger, est soutenu par les ligues de libre-pensée. Ecoutez ce que dit le *Temps* d'hier, c'est-à-dire depuis mon discours de vendredi...

M. Firmin Faure. — C'est le contrôleur de la police d'Alger qui est le correspondant du *Temps*.

M. Savary de Beauregard, *ironiquement*. — Le journal est bien renseigné! (*Bruit.*)

M. le président. — Mais, messieurs, si tout le monde parle à le fois, nous n'en finirons jamais avec cette interpellation!

M. Firmin Faure. — Il y a des choses qu'il importe de dire.

Gustave Rouanet. — Voici la dépêche du *Temps*. Vous verrez dans quel milieu profondément libre-penseur évoluent MM. les antijuifs, libres-penseurs d'Alger et d'ailleurs :

« Avant-hier, une centaine de jeunes gens italiens sont montés pieds nus à la basilique de Notre-Dame d'Afrique pour y entendre une messe d'actions de grâces, accomplissant ainsi un vœu qu'ils avaient fait pour l'acquittement de Régis. » (*Vives interruptions à droite. — Bruit.*)

M. le général Jacquey. — Si cela leur fait plaisir!

Gustave Rouanet. — Monsieur le général Jacquey, je ne conteste pas aux Italiens le droit d'agir ainsi ; ce que je conteste aux députés qui les représentent ici, c'est le droit de dire que le milieu dans lequel ils portent leurs excitations haineuses est un milieu libre-penseur, lorsque c'est un milieu religieux. Voilà ce que je leur reproche. (*Très bien! Très bien à gauche. Interruptions et bruit à droite.*)

M. le général Jacquey. — Laissez la liberté à tout le monde!

Gustave Rouanet. — Je ne puis pas engager un dialogue à cette tribune. Je sais que vous viendrez à bout de moi par des interruptions...

M. le marquis de Keroüartz. — C'est vous qui les provoquez. (*Bruit à gauche.*)

Gustave Rouanet. — Je vous ai montré qu'aucune des accusations portées contre les juifs n'étaient fondées; je vous ai montré que ceux-là mêmes qui se disent les antisémites très purs d'Algérie abusent du crédit dans les banques, accaparent les terres, font l'usure, et que si l'usure et l'industrie sont redoutables en Algérie séparément, elles le sont surtout quand elles s'associent pour l'exploitation du sol algérien, et que les banquiers se doublent de politiciens sans scrupules faisant la banque dans les conditions que vous savez. (*Applaudissements à l'extrême gauche.*)

LES OPÉRATIONS
DE LA FAMILLE MORINAUD

Par conséquent, messieurs, il ne reste rien de tout ce qui a été dit par MM. Marchal et Morinaud (*Interruptions à droite*), si ce n'est que les accusateurs mêmes des juifs devraient, je le répète, faire un retour sur eux-mêmes et ne pas accuser les autres de manœuvres dont la plupart du temps ils sont les auteurs responsables. (*Nouveaux applaudissements à l'extrême gauche. — Bruit.*)

M. Morinaud. — Nous répondrons sur tous les points.

Gustave Rouanet. — Vous me répondrez, c'est entendu. Seulement, je maintiens tout ce que j'ai dit dans la séance de vendredi.

M. Morinaud. — Les chiffres que vous avez apportés sont faux.

Gustave Rouanet. — Comment! les 240.000 francs de la Banque de l'Algérie, c'est faux?

M. Morinaud. — Je demande la parole. (*Exclamations à gauche.*)

M. le président. — M. Rouanet consent à laisser parler M. Morinaud.

M Morinaud. — Messieurs, j'ai demandé tout à l'heure la parole pour un fait personnel et on devait me la donner à la fin de la séance.

Au centre. — C'est le règlement.

M. Morinaud. — Je tiens à rappeler à la Chambre que dans la dernière séance M. Rouanet a porté contre M. Morinaud père une accusation. Il a dit que M. Morinaud père — le comparant aux accapareurs de terres juives dont j'avais parlé — avait, dans le seul village de Duquesne, acheté 48 lots sur...

Gustave Rouanet. — 47 sur 70.

M. Morinaud. — Retenez bien ces chiffres, messieurs. (*Rires à gauche.*) En présence de la belle assurance de M. Rouanet à laquelle j'ai été pris moi-même (*Nouveaux rires et interruptions sur les mêmes bancs*), je me suis borné à répondre que j'avais fait à la tribune la critique de la loi de 1887 qui permettait à des spéculateurs de faire liciter des douars indigènes entiers. J'ai ajouté que cela n'avait aucune espèce de rapport avec les cas cités par M. Rouanet.

Le surlendemain, lorsque le compte rendu de la séance est arrivé dans le département de Constantine, mon père m'envoya la dépêche suivante : « Abominable invention. Je proteste avec dernière indignation. »

Je recevais en même temps du maire de la commune de Duquesne la dépêche que voici, et qui vous permettra, messieurs, de juger une fois de plus les accusations infâmes portées à cette tribune contre mon père :

« Morinaud, Paris. — Ont été attribuées dans la commune de Duquesne 94 concessions représentant 2.630 hectares, et 20 lots de fermes représentant 1.578 hectares, en tout 4.208 hectares. M. Morinaud père possède en tout 160 hectares dans la commune. »

Voilà, monsieur Rouanet, vos accusations. J'ai le droit de vous dire que vous vous êtes conduit comme un drôle dans cette circonstance. (*Applaudissements sur quelques bancs. — Vives réclamations et bruit à l'extrême gauche, à gauche et au centre. — Agitation.*)

M. le président. — Je vous prie de retirer cette parole, monsieur Morinaud.

Gustave Rouanet. — Je vous supplie, monsieur le président, de ne pas recourir aux rigueurs du règlement, les paroles de M. Morinaud ne pouvant m'atteindre...

M. Morinaud. — Je ne peux rien retirer. Je ne permettrai jamais qu'on insulte mon père dans cette Assemblée

M. le président. — Je vous rappelle à l'ordre avec inscription au procès-verbal. (*Très bien ! très bien! à gauche.*)

Il n'est pas permis d'employer de pareilles expressions à l'égard d'un collègue. (*Bruit à droite.*)

J'ai le devoir de faire respecter ici les convenances envers tous les membres de la Chambre.

M. Lazies. — Il faut aussi qu'on respecte nos familles.

M. Morinaud. — Tous les chiffres qu'a cités M. Rouanet valent ceux-là. (*Nouveau bruit.*)

M. le président. — Monsieur Morinaud, vous aurez la parole pour rectifier. Veuillez garder le silence !

Gustave Rouanet. — Messieurs, j'ai supplié M. le président de me laisser relever moi-même les tentatives d'injures de M. Morinaud. M. Morinaud m'a appelé un drôle, moi je me bornerai à faire remarquer à la Chambre que ce que je dis aujourd'hui et ce que j'ai dit dans la séance de vendredi n'est nullement drôle, mais l'expression exacte de la vérité.

J'ai dit que 47 lots avaient été achetés par M.Morinaud dans la seule commune de Duquesne, il en a acheté ailleurs. J'ai les actes d'achat dans mon dossier. (*Interruptions à droite.*)

M. le marquis de Keroüartz. — Ce sont des querelles personnelles. (*Bruit.*)

M. le président. — Ce n'est pas à vous à diriger les débats.

M. Lazies. — A bas les juifs ! (*Bruit.*)

M. le président. — J'ai déjà fait observer que de pareils cris ne pouvaient être proférés ici.

La parole est à M. Rouanet.

Gustave Rouanet. — Messieurs, vraiment je ne comprends pas le reproche que vous me faites. Vous me reprochez de citer des noms de personnes; mais on n'a fait que cela depuis le commencement du débat ! (*Applaudissements à l'extrême gauche et sur divers bancs.*)

M. Morinaud est venu vous dire qu'il y a à Sétif un conseiller municipal nommé Zermatti.

M. Morinaud. — Qui possède 10.000 hectares.

M. le président. — M. Morinaud, vous ne pouvez pas d'un bout à l'autre de la séance, troubler le débat ! Vous aurez la parole tout à l'heure, si vous le désirez.

Gustave Rouanet. — M. Morinaud est venu vous dire qu'il y avait un juif qui avait acheté 10.000 hectares de terrains, qu'il était un accapareur. Je réponds à M. Morinaud : Les faits sont absolument inexacts; j'ai écrit aux notaires de Sétif, et ils m'ont envoyé une copie de tous les actes d'achat faits par ces Zermatti que l'on vous représente comme des expropriateurs de colons ou d'Arabes.

Eh bien ! je constate que les Zermatti ont acheté non pas 10.000 hectores, comme le dit M. Morinaud, mais seulement 2.500 hectares, à des prix supérieurs à ceux payés par d'autres colons français ; que jamais aucun achat n'a été fait à la suite d'expropriation ; et je dis à

M. Morinaud : Mais M. Morinaud père, dans cette commune de Duquesne, a acheté 47 lots agricoles.

Et vous dites que je diffame M. Morinaud père? Je vous montre simplement, messieurs, que les actes de M. Morinaud sont absolument de même nature que ceux de M. Zermatti ; que ce qui est licite chez M. Morinaud père doit être également licite chez M. Zermatti.

Ah ! il est bien plus facile d'envoyer des injures et puis ensuite des témoins ; je méprise trop vos insultes pour y répondre comme vous le voudriez.

M. Eugène Fournière. — On veut faire une diversion.

Gustave Rouanet. — C'est ici, à cette tribune, que les choses doivent se vider. (*Appplaudissements à l'extrême gauche et sur divers bancs à gauche.*)

Je dis et je maintiens que ceux qui abusent du crédit des banques ne sont pas tous des juifs, attendu que M. Morinaud père, en une seule fois, s'est fait consentir par la banque d'Algérie, sur une créance de 440.000 fr., une réduction de 240.000 fr., dont M. Morinaud, conseiller général, directeur du *Républicain*, candidat à la députation, a jeté lui-même les bases transactionnelles.

M. Morinaud. — C'est faux ! C'est un mensonge de plus ! (*Rumeurs sur un grand nombre de bancs.*)

M. le président. — Ce n'est pas à M. Rouanet que s'adresse cette expression. (*Bruit.*)

Gustave Rouanet. — M. le président dit que ce n'est pas à moi que cette expression s'adresse. En effet, le démenti de M. Morinaud s'adresse non pas à moi, mais à M. Rihouet, ancien directeur de la banque d'Algérie qui, dans une lettre que j'ai vue et qui est là...

M. Thomson. — C'est parfaitement exact.

Gustave Rouanet. — Déclare qu'à la fin de 1897, quand on excitait les malheureux d'Alger contre les juifs, quand on les faisait marcher contre la rue de la Lyre, M. Morinaud fils a fait, lui, une expédition plus fructueuse que celle de la rue de la Lyre : celle de la banque d'Algérie. (*Vifs applaudissements à l'extrême gauche et sur divers bancs à gauche.*)

C'est à mon corps défendant que j'ai dû suivre pas à pas, dans une critique purement négative, mes adversaires sur le terrain des personnes et des faits où il leur avait plu de se placer. (*Interruptions.*)

M. Paul de Cassagnac. — On ne peut pas laisser insulter à la tribune le père d'un membre de la Chambre. (*Bruit.*)

M. le président. — Je vous en prie, messieurs, calmez-vous, autrement je serai obligé de suspendre la séance.

Je demande à tous mes collègues de respecter la liberté de la tribune : c'est leur bien commun.

A l'extrême gauche. —C'est un parti-pris d'interrompre l'orateur !

DÉMOGRAPHIE PROFESSIONNELLE

Gusta ve Rouanet. — Suivant mes contradicteurs sur le terrain des faits et des personnes où il avait plu à mes adversaires de se placer, je vous ai montré, messieurs, que les juifs n'étaient pas la caricature qu'on a faite d'eux. Je voudrais maintenant vous parler de leur démographie professionnelle, d'une façon rapide, afin de vous indiquer ensuite quels traitements violents et barbares on leur a infligés.

Tout d'abord, dans la caricature des israélites faite par MM. les députés antijuifs d'Algérie, une remarque générale se dégage : c'est qu'il y a dans leur langage une contradiction étonnante. D'un côté, on représente les juifs sous les traits d'accapareurs qui drainent l'épargne de tout un peuple ; ils sont, dit-on, à la tête des emplois, de toutes les fonctions, de toutes les opérations. D'un autre côté, on vous les représente comme une masse loqueteuse, informe, coiffée du turban, vêtue à l'orientale, ne parlant pas français. Il est évident qu'il y a là une contradiction.

Les juifs peuvent être l'un ou l'autre ils ne peuvent être l'un, l'autre à la fois. Ils ne sont ni l un ni l'autre.

M. Firmin Faure. — Ils sont les deux.

M. Gustave Rouanet. — Il y a en Algérie trois catégories d'israélites qu'on peut classer sous les rubriques suivantes.

Il y a l'ouvrier, le petit industriel, avec lequel je vérifie une observation apportée à cette tribune, l'année dernière. au mois de décembre, quand je vous disais que si les juifs du moyen-âge avaient été dans l'impossibilité, en France et dans les pays chrétiens de s'adonner aux industries, c'était parce que l'industrie était religieusement organisée. La religion qui les plaçait en marge de la vie politique et de la vie religieuse les plaçait également en marge de la vie économique.

Mais chez les Arabes, où les métiers ne sont pas religieusement organisés, où la société religieuse est indépendante de la société industrielle, les juifs ont exercé l'industrie. Oh ! on ne trouvait pas chez eux, lors de la conquête, en 1830, des mécaniciens ni des télégraphistes, et pour une excellente raison, c'est qu'on ne faisait pas de mécanique chez les Arabes ; on ne pouvait trouver chez ces derniers que des tailleurs, des cordonniers de babouches ; en un mot, il n'y avait alors que les petites industries primitives.

Au-dessus ou plutôt à côté de cette fraction d'ouvriers, on trouve une autre catégorie. Ceux-ci ne sont pas des prolétaires, si vous voulez, au terme historique du mot. Cette catégorie ne correspondrait pas à la signification que donne l'économie sociale contemporaine au mot prolétaire. Il n'y a ni classe prolétaire ni classe bourgeoise en Algérie ; mais à côté de la classe ouvrière il se trouve une classe de petits commerçants faisant le commerce avec l'intérieur et dans les villes.

Enfin au-dessus de ces commerçants et au-dessus de ces ouvriers il y a une aristocratie qui a émergé par le commerce, par le travail ; ce sont ceux que l'on appelle les grands juifs.

LE COMMERCE

M. Morinaud et d'autres vous disent : Oui, mais comment émergent-ils, comment s'enrichisssent-ils? Je vous ai montré qu'ils ne s'enrichissaient pas par la faillite, puisqu'ils font moins souvent faillite que les commerçants français ou les commerçants européens. Alors on a cherché des explications. Voici le phénomène véritablement curieux, et je dirai, le phénomène antijuif que l'on a trouvé pour expliquer la prospérité du commerce israélite.

On a dit : Ils ont accaparé les agences de renseignements grâce auxquelles ils donnent de mauvais renseignements sur les commerçants français ; les commerçants français sont obligés de faire faillite et les juifs triomphent. Cette explication a été apportée à cette tribune par M Morinaud. Je la cite parce qu'elle a été formulée, mais je fais appel au bon sens public et je demande s'il est possible que, pendant cinquante ans, un peuple ou une catégorie de commerçants ait pu donner de mauvais renseignements, sur le compte de commerçants français, aux commerçants de la métropole. La vérité — et vous pouvez la connaître, ceux qui sont des départements des Vosges, de la Seine-Inférieure et du Gard la connaissent bien — la vérité, c'est que les juifs ont un grand crédit en France pour les motifs qu'indiquaient les chambres de commerce de la Seine-Inférieure en 1864, quand elle demandaient la naturalisation collective des Israélites ; ils ont du crédit parce que les colporteurs juifs ont fait honneur à leur signature, parce que la plupart des faillites juives qui sont faites en Algérie ne le sont pas au détriment du commerce français, mais du grand commerce juif d'Alger, d'Oran, de Constantine et d'ailleurs.

En effet, le petit commerce reçoit en Algérie les marchandises du grand commerce juif, lequel est lui-même

en correspondance avec les maisons françaises ; en sorte
que lorsqu'une petite faillite a lieu, et c'est le cas pour le
plus grand nombre des faillites juives, le grand commerce
français l'ignore. C'est le grand commerce juif d'Alger,
de Constantine et d'Oran qui en subit les effets.

Ces effets sont minimes. Je veux invoquer ici une autorité qui ne sera pas suspecte, celle d'un journal antisémite, du *Télégramme algérien*, qui raconte pourquoi le
boycottage des juifs n'a pas réussi. Vous aurez là la clé
des passions mauvaises, haineuses, qui se sont dévelop-
pées dans le commerce français, et l'explication du
triomphe du commerce juif sur le commerce français.

Voici ce que dit le *Télégramme algérien* :

« Les magasins juifs, furent un moment, il est vrai,
mis à l'index, et il a pu paraître un instant que les commerçants français allaient prendre dans la faveur populaire
la place que leur avait prise les mercantis juifs par des
moyens souvent malhonnétes. Mais par lassitude un peu,
et beaucoup par la faute des premiers intéressés, les commerçants français, ce mouvement s'est vite éteint.

« Au lieu de s'efforcer de donner satisfaction à la clien-
tèle qui, de façon si imprévue, venait à eux sans réclame
et sans frais ; au lieu de s'ingénier à plaire aux acheteurs
nouveaux qui leur tombaient du ciel de l'antisémitisme ;
au lieu de faire même des sacrifices pour que ces cha-
lands inattendus retrouvent, dans les maisons françaises,
la complaisance, l'assortiment et les prix... » — Retenez
bien ce mot. — « ... et les prix qu'ils étaient habitués à
trouver dans les maisons juives, nos compatriotes ont
voulu imposer leurs traditions, écouler leurs rossignols
et élever leurs prix. Ils ont naïvement tué la poule aux
œufs d'or, et de cette occasion inexpérée de prendre
dans les transactions commerciales la place qui leur
revient ils n'ont su tirer qu'un médiocre et très passager
profit !

« Aujourd'hui, nous le constatons avec peine, la
situation est redevenue ce qu'elle était il y a dix-huit

mois : les magasins juifs qui s'étaient vidés se remplissent à nouveau. »

C'est là, messieurs, toute l'histoire de la concurrence du commerce juif et du commerce français. La vérité c'est que le juif, en Algérie, est plus sobre que le Français... (*Interruptions sur divers bancs au centre.*)

M. Prache, *ironiquement*. — Les juifs ont tant de qualités, tant de vertus!

M. le président. — Ne réfutez pas les arguments de votre banc, messieurs.

M. Prache. — Nous ne pouvons pourtant pas laisser traiter les Français de la sorte!

Gustave Rouanet. — Mais ce sont des Français, ces juifs; ce sont des compatriotes. (*Interruptions sur divers bancs à droite*)

La vérité c'est que le commerçant israélite d'Algérie apporte, dans la pratique des affaires, une habileté et des aptitudes que n'a pas toujours l'Européen. Ce dernier a des frais considérables, des employés, un comptoir; le juif n'en a pas, et c'est de là que vient la prospérité du commerce juif constatée par les antisémistes eux-mêmes.

LES PROFESSIONS LIBÉRALES
ET L'INSTRUCTION

Mais, messieurs les juifs ne font pas que le commerce en Algérie, les juifs s'adonnent également aux professions libérales. Et voulez-vous me permettre de vous citer les termes singuliers du commencement d'une déclaration de M. Max Régis en 1897, au sujet de la faculté d'Alger? On vous a représenté le juif sous les traits de l'avare légendaire, sous l'aspect d'une population inférieure. Savez-vous ce qu'écrivait M. Max Régis, le 14 juillet 1897? Retenez bien ses paroles :

« Le nombre des étudianls juifs a décuplé, et bientôt la classe instruite et dirigeante de la population d'Alger sera composée de juifs. »

Ainsi, d'une part, on reproche à cette population des instincts purement mercantiles, d'être exclusivement adonnée au commerce; et lorsqu'elle sort du commerce pour prendre la culture française, lorsqu'elle entre dans les professions libérales, dans les facultés et dans les écoles supérieures, on lui reproche d'avoir un trop grand nombre d'étudiants!

Oui, messieurs, M. Régis Milano l'a dit dans des termes paradoxaux dont il a l'habitude, mais c'est la vérité. Il y a en Algérie une population éminemment française qui, au milieu de la ruine de la culture française dans ce pays, s'y attache; et, s'il est vrai que le degré de sociabilité d'un peuple soit en raison directe de l'instruction, s'il est vrai que, lorsque des populations se trouvent en présence du degré d'assimilation de ces populations, leur capacité de civilisation soit en raison de la fréquentation des écoles, savez-vous à la constatation de quel phénomène singulier et étrange on arrive en Algérie? Écoutez ces chiffres que vous ne connaissez pas, j'en suis sûr.

Ces chiffres m'ont surpris, moi aussi, dès le début; j'en ai été stupéfait; je reconnais que vous devrez l'être aussi. Mais, enfin, c'est la vérité que j'apporte à la tribune; ce sont des chiffres officiels. Voici la situation.

Il y a, en Algérie, 318.000 Français qui envoient à l'école 47.570 enfants, soit une proportion de 14,95 p. 100. Voyons les juifs: il y a, en Algérie, 50.000 juifs.

Ici j'ouvre une parenthèse: je dis 50.000 juifs et non 48.000 parce que les statistiques que l'on a données à ce sujet sont fausses et je vais vous dire pourquoi.

M. Firmin Faure. — Il y en a exactement 70.000.

Gustave Rouanet. — Je parle des juifs français, de ceux qui jouissent des droits de citoyens français qui leur ont été conférés par la République française et qui constituent pour eux la qualité indélébile qui leur restera.

Il y a donc, en Algérie, 50.000 juifs ; **on n'en a porté que 48.000** parce que l'on a voulu **arranger les listes** électorales ; et c'est ainsi, par exemple, que dans la ville de Constantine, où la population juive dépasse 6.000 personnes, on en compte à peine 4.000. Je ne veux pas user de l'avantage que me donnerait la déloyauté **des anti-**juifs eux-mêmes et je prends le chiffre de 50.000, supérieur à celui qui est avoué dans leurs statistiques. Eh bien ! sur 50.000 juifs, 14.490 enfants sont inscrits dans les écoles primaires ou maternelles publiques, c'est-à-dire 29 pour 100.

M. Firmin Faure. — Voulez-vous me permettre un mot ?

Gustave Rouanet. — Vraiment, vous **abusez** ; laissez-moi terminer.

M. Firmin Faure. — Je n'ai encore rien dit !

M. le président. — Vous faites votre devoir. (*On rit*)

Gustave Rouanet. — La situation est donc la suivante : sur 100 Français, la proportion des enfants allant à l'école est de 14,95 pour 100 ; et sur 100 juifs, la proportion est de 29 pour 100, soit le double de celle des Français.

Et c'est contre ces familles où se développe l'esprit français, contre ce foyer de culture française, contre ces juifs entourés de populations hostiles et réfractaires à la langue française, que vous voulez organiser la persécution ! Et au profit de qui ? Au profit des Espagnols, des Maltais, des Italiens. (*Applaudissements à l'extrême gauche et à gauche.*)

Messieurs, on est venu vous dire ici que les Espagnols s'assimilaient ; on vous a parlé de mariages mixtes ! Oui, il y a des mariages mixtes en Algérie ; mais où est l'assimilation ? Est-ce l'Espagnol qui s'assimile au Français, ou bien est-ce le Français qui s'assimile à l'Espagnol ?

J'ai peur pour l'avenir de notre nationalité en Algérie, si on laisse se propager le mouvement actuel contre une population de mentalité française. Quoi ! il y a, au centre de ces populations diverses, de ces masses exotiques, comme les appelait naguère **M. Morinaud**, une population qui a au cœur l'amour de la patrie française. parce que c'est celle-ci qui a admis les juifs dans la cité, qui les a fait naître à la vie politique et sociale, et c'est cette population, ayant au cœur l'amour de la France, qui doit, dans les jours de détresse, se tourner de son côté. tandis que les Espagnols, les Italiens et les Maltais se tourneront vers leur pays d'origine, c'est cette population. dis-je, que vous voulez persécuter, que vous voulez expulser; ce sont ces Français cultivés à qui vous voulez imposer je ne sais quelle loi d'exception, que vous voulez frapper de je ne sais quel ostracisme qui nous déshonorerait à jamais devant l'Europe et devant l'humanité! *Applaudissements à l'extrême gauche.* Je ne veux pas le croire, ce n'est pas possible, et cependant cette population qui est, vous le voyez, d'une mentalité supérieure, d'une culture plus haute que celle des populations malto-hispano-italiennes, à quel régime l'a-t-on soumise depuis trois ans de quelles ignominies l'a-t-on abreuvée? C'est ce qui me reste à dire.

LE PRÉTEXTE DES MASSACRES

On a parlé d'agressions qui auraient été commises par les juifs sur les Français; on a parlé de l'affaire Irr, de l'affaire Cayrol Messieurs, voulez-vous me permettre de vous rappeler en deux mots ce que sont ces affaires? Ce sera encore un trait de mœurs algériennes, je demande pardon à la Chambre de faire passer de pareils faits devant elle.

Voici ce qu'est l'attehtat de Irr. Il y avait à Oran un père de famille, conseiller municipal, représentant de l'absinthe antijuive. (*On rit.*) Un jour. ce représentant de la France aux Français va, à la tête d'un certain nombre de jeunes gens de seize à dix-sept ans, des cyclistes, a Mostaganem, assister à une fête antijuive.

M. Firmin Faure. — Cela, c'est inexact, monsieur Rouanet.

Gustave Rouanet. — On passe la journée à faire de l'antijudaïsme.

M. Firmin Faure. —C'est encore inexact, monsieur Rouanet. (*Exclamation à l'extrême gauche et à gauche.*)

M. le président. — Vous ne pouvez pas ainsi rectifier à chaque mot, monsieur Firmin Faure.

M. Firmin Faure. — Je ne puis laisser dire ces choses-là, monsieur le président.

M. le président. — Si vous étiez à la tribune, vous ne supporteriez pas facilement cette manière d'argumenter. (*Très bien! très bien!*)

Gustave Rouanet. — Ensuite, pour parfaire l'éducation de ces jeunes gens, ce conseiller municipal ne trouva rien de mieux que de les conduire, non pas dans le quartier juif, comme on l'a dit, mais dans un quartier spécial, qui était neutre. (*On rit.*) La maison où ils entrèrent était une maison de prostitution. (*Exclamations.*) Je dois dire ces choses, parce qu'il faut en finir avec toutes ces ignominies.

M. Firmin Faure. — L'endroit était mal famé, en effet : c'était à côté de la synagogue (*Bruit.*)

Gustave Rouanet. — Il se trouva là un souteneur juif, un repris de justice.

Une voix. — Ce n'est pas possible !

Gustave Rouanet. — Voulez-vous que les Français aient aussi ce monopole? (*Très bien! Très bien! à l'extrême gauche. — Interruptions à droite.*)

Alors une dispute a lieu. Le juif a recours à son couteau. Le lendemain, la *Libre Parole* annonçait que 150 juifs s'étaient jetés sur trois ou quatre cyclistes, qu'on avait perforé des biceps, que le couteau avait fouillé les entrailles avec volupté; et, deux jours après, Irr qui avait assez souffert, à son avis, pour être un héros, rentrait en triomphateur à Oran. Alors avaient lieu les pillages de la synagogue de Mostaganem, les pillages d'Oran et de Bel-Abbès, tous les actes ignominieux qui n'ont pas été reproduits dans les journaux français, mais que, malheureusement, j'en rougis pour mon pays, les journaux étrangers ont eu le soin de reproduire en bonne place. (*Aplaudissements à gauche*)

M. Firmin Faure — Qui vous a renseigné? (*Exclamations à gauche et sur divers autres bancs.*)

M. le président. — Monsieur Faure, vous troublez l'Assemblée ; vous parlerez à votre tour.

Gustave Rouanet. — Voilà ce qu'est cette agression des juifs contre les Français, ce qu'est l'assassinat de Paul Irr, représentant de l'absinthe antijuive et qui prétend représenter la France la-bas.

M. Firmin Faure. — Il est aussi Français que vous.

Gustave Rouanet. — Je ne le conteste pas. Je ne suis pas puriste à ce point de contester aux autres la nationalité française.

Je passe à l'affaire Cayrol M. le gouverneur général serait bien embarrassé pour vous dire qui a tué Cayrol.

M. Firmin Faure. — Il n'y était pas.

A l'extrême gauche. — Vous non plus.

M. le président. — Je vous engage, monsieur Firmin Faure, à noter tous les arguments qui vous viennent à la pensée (*Rires et applaudissements*) et à laisser en ce moment se produire librement ceux de M. Rouanet. (*Très bien ! très bien !*).

LES ASSASSINATS D'ALGER

Gustave Rouanet. — Voici les faits; ils sont très simples.

Depuis trois mois, les juifs étaient molestés dans les rues et n'osaient pas sortir. Un jour, une foule qui se dit française, mais en réalité composée d'Espagnols aussi bien que de Français et d'Arabes, s'en fut dans la rue de la Lyre. Une bagarre a lieu. Cayrol tombe. A-t-il été frappé par des juifs? par des Européens? On n'en sait rien. Il est tombé dans la bagarre. C'est là le grand assassinat. Deux jours après ont eu lieu les assassinats d'Alger, et ceux-là, monsieur Drumont, ne furent pas le résultat d'une méprise ou d'une bagarre comme pour Cayrol. Vous savez bien qu'il en fut autrement. On arrête un tramway, et le nommé Shebat, qui s'y trouvait tout seul, est tiré hors de la voiture, lapidé, mis en morceaux par cette foule barbare que vos excitations avaient rendue ivre de sang et de fureur. (*Vifs applaudissements à l'extrême gauche et à gauche.*)

Le même jour, le Dr Azoulet, dont la mère avait, la semaine précédente, versé 10.000 francs aux hospices d'Alger, sans aucune distinction confessionnelle entre juifs, catholiques ou protestants, le Dr Azoulet, était à moitié écharpé. A la même heure, alors que l'on pillait les juifs, alors que l'on essayait d'assassiner Azoulet, qu'on lapidait Shebat, alors que l'on traînait les femmes juives par les cheveux, alors que trois femmes antisémites fessaient, sur la place Bresson, une petite fille juive de six ans, (*vives exclamations.*) on voyait un médecin juif, le jeune Jaïs, dont le nom a illustré le martyrologe de la science, qui, penché sur le chevet des malades catholiques, juifs, protestants libres-penseurs, sans aucune distinction de confession, faisait noblement son devoir et contractait les germes du fléau qui devait le foudroyer. (*Applaudissements.*)

Voilà ce qu'on a vu à Alger ; voilà les ignominies d'un côté, les actes de dévouement de l'autre. Et l'on est venu à cette tribune excuser ces atrocités! Et l'on a entendu quelqu'un dire ici, ce qui m'a profondément blessé et humilié : Il y a eu 1789, mais il y a aussi 1793.

Ah! messieurs, le comité de salut public devant lequel trembla l'Europe (*vifs applaudissements à l'extrême gauche et à gauche*), devant lequel Joseph de Maistre s'arrêtait épouvanté, croyant voir en lui le signe de la colère de Dieu, ce comité comparé aux ligues antijuives d'Algérie, Robespierre comparé à Max Régis (*Rires à gauche*) et Saint-Just sans doute à son lieutenant Morinaud ! (*Nouveaux rires.*)

Messieurs, j'estime que le seul fait de commenter ainsi l'histoire montre qu'on n'est plus en possession de la mentalité française nécessaire pour parler à la tribune nationale. (*Vifs applaudissements sur les mêmes bancs.*)

M. Edouard Drumont. — Nous n'avons tué ni Lavoisier, ni André Chénier. (*Bruit.*)

Gustave Rouanet. — Monsieur Drumont, la Révolution a pu se tromper en tuant Lavoisier et André Chénier, mais elle ne les a pas déchirés avec les dents comme les antiques d'Alger ont fait du juif Shebat. [(*Nouveaux applaudissements sur les mêmes bancs.*)

LE PROLÉTARIAT PERSÉCUTÉ

Croyez-vous, d'ailleurs, que là s'est arrêtée la fureur des antisémites? Croyez-vous qu'il s'agissait d'une explosion passagère de colère à la suite de quelques incidents? Non, messieurs.

M. Drumont, à la *Libre Parole*, me demandait : Où sont donc les prolétaires juifs, où sont ces ouvriers que l'on persécute? Je vais vous les montrer, et j'emprunte, au journal de M. Max Régis, le martyrologe de ces travailleurs.

Il y a bien des juifs ferblantiers à Alger, puisque l'*Antijuif* reproche à M. Ginet, de la carrosserie française, de les employer et lui demande de les mettre à la porte. Il y a bien des tanneurs juifs à Alger, puisque vous demandez que la tannerie française du Ruisseau et de Hussein-Dey cesse d'employer des ouvriers tanneurs juifs.

Sont-ce des capitalistes, les imprimeurs typographes qui travaillaient chez Charles Zamith et Cie et dont l'*Antijuif* a demandé l'expulsion? Ce ne sont pas des capitalistes ni même des banquiers — comme M. Morinaud — les ouvriers dont vous avez demandé l'expulsion de chez Bosca et Baubil? Ce ne sont pas non plus des capitalistes les cigariers et cigarières dont vous avez demandé l'expulsion des ateliers énumérés ici?

Ce sont bien des ouvriers, enfin, tous ceux que vous ne cessez de désigner dans vos journaux. Et ne croyez pas que ces violences soient des violences de plume, des dénonciations vaines. Non? Elles sont obéies rigoureusement. Cela est si vrai qu'on me cite le cas d'un cocher juif qui faisait le service d'une maison de Burkadem; il est père de huit enfants; il a épousé une catholique et probablement n'était pas un juif bien pratiquant : il a été dénoncé par l'*Antijuif;* huit jours après, il était mis à pied et réduit à la misere.

Est-ce que vous trouvez que ce n'est pas assez? Est-ce que vous trouvez que cette population n'a pas été assez courbée sous les humiliations, sous les outrages, sous les insultes, que vous ayez le droit d'arracher le travail aux ouvriers, d'arracher le pain de la bouche des petits enfants? (*Applaudissements à l'extrême gauche et sur plusieurs bancs à gauche.*)

Messieurs, je vous jure que je n'exagère pas? J'ai là la lettre que m'envoie le nommé Teboul, de l'entreprise de peinture *l'Effort,* société coopérative ouvrière, passage Saint-Paul, 6, à Paris. Il est venu de Djijelli avec quelques juifs, peintres comme lui, chassés d'Algérie, à Paris. Il y a fondé une société coopérative ouvrière. Il n'avait pas de travail là-bas. Il en a trouvé ici. Mais il a vingt-neuf ans, et alors la gendarmerie de son pays antisémite naturellement, est venue chez lui et a dit à sa mère : Il faut que Teboul rentre, parce que ses dix ans de séjour en Algérie ne sont pas expirés. Oh ! lorsqu'il s'agit des rédacteurs de la *Silhouette,* de MM. les antijuifs, ils peuvent venir à Paris pendant l'intervalle de vingt à trente ans sans accomplir leurs trois ans de service militaire; mais il s'agit d'un ouvrier peintre, qui n'avait pas de travail là-bas; on l'a obligé de se réfugier en France. Ce n'est pas assez, il reçoit aussitôt l'ordre de repartir. Ainsi là-bas pas de travail, là-bas, la misère ; qu'importe ? il faut qu'il rentre, qu'il soit attaché à cette terre, à cette glèbe de misère où on lui enlève ses moyens d'existence. Je dis que cela est abominable, je dis que vous faites une œuvre infâme. (*Vifs applaudissements sur les mêmes bancs.*)

Et ne croyez pas qu'il n'y a pas entre tous les députés antijuifs d'Algérie une solidarité étroite, que les uns peuvent être moins responsables que les autres. Non ! ce ne sont pas là les excitations de quelques cerveaux échauffés ; ce n'est pas là la résultante de l'exaltation, des exagérations de quelques individus, car les municipalités antijuives d'Algérie ont suivi le même système d'expulsion et de persécution contre ces malheureux ; elles ont appliqué, elles, les mêmes doctrines, les mêmes persécutions, et je vais vous en fournir quelques exemples.

LA MUNICIPALITÉ D'ALGER

On nous parle de la municipalité antijuive d'Alger que MM. Marchal et Drumont voudraient bien nous représenter sous les traits d'une municipalité radicale — j'en demande pardon aux radicaux — voire même socialiste. (*On rit.*) Savez-vous quel a été, dès son arrivée aux affaires, le premier acte de la municipalité antijuive d'Alger ? Ç'a été d'établir une taxe progressive à rebours, selon l'emplacement occupé par les marchands-déballeurs ou petits colporteurs. Un colporteur n'occupant que 2 ou 3 mètres d'emplacement d'étalage est obligé de payer 1 fr 50 ou 1 fr. 80 le mètre, alors que celui qui occupe un grand étalage le paye 25 à 30 centimes. (*Exclamations et mouvements divers.*)

Voilà les mesures radicales, voilà les mesures socialistes selon le socialisme des antisémites.

Ce n'est pas tout. La municipalité d'Alger avait autrefois, s'inspirant de la municipalité parisienne, exonéré les loyers au-dessous de 300 francs. Mais ce sont les capitalistes juifs qui occupent ces petits loyers; ce sont les capitalistes juifs qui vivent dans ces taudis.

J'ai là la démographie professionnelle des ménages juifs : il y a à Alger 700 ménages qui occupent une chambre; à Oran, il y a 1.350 indigents; enfin, à Constantine — je vous ai cité en 1898 ces chiffres douloureux — 780 ménages de cinq personnes en moyenne n'occupent qu'une seule pièce. Si je ne craignais de fatiguer l'attention de la Chambre, je citerais des articles de M. Morinaud publiés dans le *Républicain*, à l'époque où M. Morinaud était philosémite, où il se recommandait des rabbins auprès des juifs, articles dans lesquels il déplore la misère juive et où il montre les conditions hygiéniques lamentables dans lesquelles ils vivent.

Eh bien, pour venir en aide à cette population si intéressante, le Conseil municipal d'Alger n'a rien trouvé de mieux que de supprimer l'exonération des loyers au-dessous de 300 francs.

Puis il y avait des cours d'adultes, et là, comme dans les écoles primaires, ce sont les juifs qui se ruent vers les cours d'adultes qui monopolisent, selon l'expression de M. Max Régis, l'instruction en Algérie. Déjà, d'ailleurs, un de nos consuls en Tunisie l'avait fait remarquer; il disait qu'en Tunisie les juifs se précipitaient vers les écoles et que, pour créer un centre juif, on n'a qu'à ouvrir des écoles : aussitôt les juifs affluent.

Un membre à gauche. — Ah! les brigands! (*On rit.*)

Gustave Rouanet. — Il y a donc des cours d'adultes; mais ces cours étaient fréquentés par des juifs; la municipalité radicale française, éclairée d'Alger, pense qu'avec l'instruction primaire gratuite obligatoire, il n'y a pas besoin de cours d'adultes; il y a là, pour elle, double emploi et elle va les supprimer.

Ce n'est pas tout encore. Cette municipalité radicale socialiste veut appliquer dans tous ses détails son programme. Elle trouve que les médicaments donnés aux indigents sont beaucoup trop chers, que le nombre de bourses accordées est également trop considérable, toujours parce que ceux qui obtiennent au concours des bourses dans les lycées et collèges sont les juifs. Ils monopolisent les bonnes compositions comme le reste. (*Très bien! très bien! à l'extrême gauche et sur plusieurs bancs à gauche.*)

C'est ainsi que la municipalité d'Alger a accompli les réformes radicales auxquelles elle devait procéder.

LES HOSPICES
ET LES BUREAUX DE BIENFAISANCE

Je ne parle pas de la façon dont les juifs sont admis dans les hospices et aux bureaux de bienfaisance. Ainsi, alors que les étrangers touchent aux bureaux de bienfaisance des secours dans la proportion de 42 0/0, cette proportion pour les juifs n'est que de 3 0/0. Cette population de loqueteux et d'ulcéreux que vous a montrés M. Morinaud, — les antisémites éprouvent je ne sais quelle joie âpre et amère à dénoncer les infirmités physiologiques de leurs adversaires (*rires approbatifs*), — cette population touche à peine 3 0/0 au bureau de bienfaisance alors que les étrangers touchent, — je l'ai dit, — 42 0/0.

Et ils ne sont pas arrêtés en si beau chemin. Une municipalité a trouvé encore mieux que la municipalité d'Alger, en ce qui touche la façon dont il convient de traiter les juifs et aussi les Arabes. Et ici j'appelle toute l'attention de M. le ministre de l'intérieur, particulièrement de M. le gouverneur général, sur les faits que je vais leur signaler.

Il y a, à Constantine un médecin arabe, le Dr Morsly, qui est adjoint à titre indigène au maire de Constantine, M. Mercier. Ce dernier a émis la prétention fondée théoriquement, mais qui en fait ne s'est jamais réalisée nulle part, de signer toutes les entrées à l'hôpital et de voir lui-même les malades. Le D\\r Morsly, médecin traitant à l'hôpital, s'est trouvé en présence d'un certain nombre de mala ies, particulièrement des indigènes, — et cela vous montrera le degré d'arabophilie de ces politiciens antisémistes qui sont venus ici vous chanter les vertus de l'Arabe (*Très bien! très bien! à l'extrême gauche*), — le D\\r Morsly, dis-je, s'est trouvé en face d'une foule d'indigènes ayant à peine le souffle; il les avait admis d'urgence à l'hôpital. Alors, grande protestation de M. Mercier, qui s'adresse au préfet dont le département de Constantine est affligé, M. Dufoix. celui-là même que le rapporteur de la commission d'enquête avait déjà signalé à M. le président du Conseil comme un antisémite militant, lors de la discussion de l'élection de M. Thomson; M. Dufoix sévit contre M. Morsly parce qu'il signe trop de billets d'urgence à l'hôpital, et lui inflige un blâme.

Le D\\r Morsly répond que tous les billets d'urgence qu'il a signés étaient nécessités par l'extrême gravité de l'état des malades venus à la consultation; il refuse le blâme et demande une enquête.

Savez-vous à quel étrange enquêteur s'est adressé M. Dufoix? A M. le commissaire de police de la mairie de Constantine, alors qu'il s'agit de faire enquêter sur la conduite du maire. (*On rit.*)

J'abrège les détails. Alors M. Morsly a écrit à M. le préfet et, si je ne me trompe, à M. le gouverneur général une lettre à laquelle était jointe une liste de vingt-quatre décès signalés à l'hôpital de Constantine dans les conditions suivantes : les individus entraient à l'hôpital le 24, y mouraient le 24 ou le 25 au plus tard. (*Mouvements divers.*)

J'ai la liste sous les yeux, avec les dates, et je lis : « Entré le 1\\er juillet, mort le 1\\er juillet; entré le 5 juillet, mort le 5 juillet; entré le 15 juillet, mort le 15 juillet; entré le 20 août, mort le 20 août; entré le 30 août, mort

le 30 août; entré le 14 septembre, mort le 14 septembre. »
(*Exclamations et mouvements divers.*)

La vérité, c'est que le Dr Morsly constate qu'on ramasse les cadavres d'Arabes dans les rues et qu'on les porte à l'hôpital pour la forme. C'est là l'arabophilie de MM. les députés et politiciens antisémites. (*Exclamations à l'extrême gauche.*)

Mais, attendez' Il y a les juifs. Qu'en fait-on? Voici ce que dit le Dr Morsly.

« Je ne parle pas des juifs; ce côté de la question est tout à fait simplifié. Les juifs de Constantine ne sont plus admis à la consultation gratuite. (*Exclamations sur les mêmes bancs.*)

Albert Poulain. — Et le Gouvernement le savait ? C'est une honte !

M. Boutard. — Il s'agit d'une possession française.

Gustave Rouanet. — C'est encore un fait, dit le Dr Morsly, que je prouverai. Aux juifs, on ne reconnaît qu'un seul droit, c'est de crever — veuillez me pardonner l'expression — comme des chiens, chez eux... » (*Mouvements divers.*)

A l'extrême gauche. — C'est ce que veut M. Drumont. (*Bruit.*)

Gustave Rouanet. — Et il ajoute, retenez ces paroles, Messieurs :

« Je suis musulman, c'est vous dire que je n'ai pas précisément pour les juifs une tendresse infinie, mais j'affirme qu'en aucun pays musulman, quel qu'il soit, jamais on ne trouverait des iniquités pareilles à celles qui se commettent à Constantine. » (*Exclamations à gauche.*)

Voilà, Messieurs, la leçon que nous donne un musulman. (*Vifs applaudissements à gauche.*)

M. Camille Fouquet. — Cela prouve que l'Algérie est singulièrement administrée.

Gustave Rouanet. — Voilà ce qui se passe. On vient vous dire : Mais M. Mercier, maire de Constantine — car c'est lui l'auteur de ces exclusions infâmes pour lesquelles je ne trouve pas d'expression assez flétrissante. — M. Mercier a ouvert des chantiers pour les Arabes, les juifs n'y sont pas venus. Mais, Messieurs, si les juifs étaient venus dans les chantiers ouverts par M. Mercier, on les aurait chassés et lapidés, vous le savez bien ! Et on leur reproche de n'être pas venus ! *(Applaudissements à gauche et sur divers bancs au centre. — Bruit.)*

Remarquez, Messieurs, que je ne cite pas tous les faits que je connais...

A gauche. — Parlez ! — C'est très instructif.

LA MUNICIPALITÉ D'ORAN

M. Gustave Rouanet. — Voulez-vous que je vous en cite un autre ? *(Oui ! oui !)*

Dans la ville d'Oran, il y a aussi une municipalité antisémite créée et mise au monde par M. Bidaine — le liquidateur à 1.75 0/0. *(Rires à gauche.)* Eh bien, l'intolérance de la municipalité va jusqu'à introduire dans un cahier des charges — que le préfet a repoussé — une clause aux termes de laquelle les juifs ne sont pas admis à travailler dans le service du balayage. *(Mouvements divers.)*

Voilà à quelles persécutions abominables, honteuses pour mon pays, humiliantes pour nous, l'antisémitisme s'est livré.

Il a fait pis ; oui ! pis encore : il a privé des hommes de travail ; il a chassé des ouvriers des ateliers ; il a mis partout les juifs en quarantaine.

Il ne lui manquait qu'une seule chose : d'établir un régime de violence et de barbarie contre les petits enfants. Eh bien ! ce régime contre les petits enfants, les antisémites l'ont établi.

Après avoir chassé les juifs de l'atelier, après les avoir chassés des cafés, après les avoir chassés de la rue, après leur avoir interdit l'entrée des marchés, l'accès des quartiers européens, on interdit dans la mesure du possible, dans la mesure où l'autorité académque ne peut pas résister, l'accès des enfants juifs dans les écoles françaises. (*Exclamations à l'extrême gauche et à gauche.*)

M. Firmin Faure. — Vous avez dit tout à l'heure qu'il y avait plus d'enfants juifs dans les écoles que d'enfants français. Cela va à l'encontre de ce que vous dites maintenant.

Gustave Rouanet. — Monsieur Firmin Faure, vous me faites observer que j'ai dit qu'il y avait plus d'enfants juifs que d'enfants français dans les écoles. Cela est parfaitement vrai ; mais je constate qu'en 1898, contrairement à ce qui s'est passé les autres années, la progression des entrées des enfants juifs dans les écoles en Algérie a diminué, et je vais vous dire pourquoi ; je vais mettre en relief le crime de lèse-civilisation que vous avez commis sur les enfants des juifs.

CRIME DE LÈSE-CIVILISATION.

Je prends le compte rendu du conseil municipal de Constantine dans le journal de M. Morinaud, *le Républicain.* Vous allez voir comment ces libres-penseurs accouplent entre eux des mots qui hurlent d'être rapprochés. Vous allez voir de quelle façon ces libres-penseurs envisagent la question de l'instruction en Algérie.

Cela est intitulé : « A propos de l'invasion de nos écoles par la vermine juive ». (*Exclamations à gauche.*)

M. Eugène Fournière. — Ils n'ont donc pas d'enfants, ces gens-là ! (*Bruit.*)

Gustave Rouanet. — « M. Grasset proteste contre l'invasion dont nos écoles nouvellement construites sont l'objet par des juifs M. le maire répond qu'il a déjà saisi de la question l'autorité académique, qu'il se propose d'aller lui-même en Algérie voir le recteur pour obtenir satisfaction, et — écoutez ceci, Messieurs — qu'il faut en revenir aux écoles confessionnelles. » (*Ah ! ah ! à gauche*)

Ce maire de Constantine était chevalier de la Légion d'honneur. (*Exclamations à l'extrême gauche.*) Attendez ! il vient d'être décoré des palmes académiques. (*Rires à l'extrême gauche*) pour services rendus à l'instruction publique (*Nouveaux rires sur les mêmes bancs. — Mouvements divers*) et cela il y a un mois, sous le ministère de M. Morinaud naturellement ; — je parle de son ministère en Algérie, monsieur le président du conseil.

M. Charles Dupuy, *président du Conseil, ministre de l'intérieur et des cultes.* — J'ai compris ! (*On rit.*)

Gustave Rouanet. — Je continue la citation du suggestif compte rendu.

« M. le maire répond que les parents des enfants refusent avec d'autant plus de raison de mettre leurs enfants dans des écoles infestées par des juifs, qu'ils apportent avec eux toutes sortes de maladies contagieuses. » (*Exclamations à gauche.*)

Oh ! monsieur Firmin Faure, vous aimez à parler des tuberculoses physiologiques des autres ; vous ne savez pas combien il est des ulcères moraux infiniment plus répugnants à voir ! (*Vifs applaudissements à l'extrême gauche, à gauche et sur plusieurs bancs au centre*) et combien la lèpre de l'antisémitisme est infiniment plus hideuse que les maladies des jeunes juifs de Constantine (*Nouveaux applaudissements à gauche et à l'extrême gauche*)

M. Paul de Cassagnac. — Et la lèpre franc-maçonnique qui règne ici ?

Gustave Rouanet. — « M. Vars... — C'est un professeur de philosophie recruté sur place un professeur de philosophie algérien — « M. Vars abonde dans le même sens.

« M. Mercier dit que comme adjoint délégué aux écoles, il s'occupe spécialement de la question, et qu'il entend bien qu'une situation aussi déplorable cesse au plus tôt.

« M. Morinaud. — J'approuve, dit-il d'une manière absolue, les paroles prononcées par MM. Mercier et Vars. » (*Exclamations à gauche.*)

Voilà, Messieurs, en quoi consiste la libre-pensée des

députés antijuifs d'Algérie et vous voyez par ce trait le
degré de confiance que vous pouvez accorder à leur
parole quand ils envoient un démenti à leur collègue.
(*Très bien! très bien! à l'extrême gauche. Bruit.*)

Mais je n'en finirais pas ! Voulez-vous cependant que
je vous cite encore un autre fait? (*Oui! Oui!*)

Le 14 juillet la ville d'Oran distribue des secours aux
nécessiteux. A la séance qui précède la fête, les conseillers municipaux d'Oran décident d'assister en personne
à la distribution, afin que les nécessiteux israélites en
soient exclus. (*Mouvements divers.*)

M. Bénézech. — C'est ignoble ! Ce sont donc des sau-
vages ?

Gustave Rouanet. — On a supprimé dans les écoles
toute distribution aux enfants juifs. Il a fallu que l'autorité académique envoyât un ordre direct à une directrice
d'école, lui prescrivant de demander une liste de trois
enfants juifs nécessiteux, et le journal qui rapporte le
fait — journal antijuif — agonise d'injures et d'outrages
le fonctionnaire académique qui a pris cette mesure
d'humanité. — Voilà à quel point on en est en Algérie !
Voilà la barbarie qui s'est établie là-bas ! (*Vifs applaudissements*).

LE RESPECT DE LA LOI

Eh bien ! messieurs, je vous demande d'en finir, parce
qu'à l'heure où je parle — j'ai là les journaux de ces
derniers jours — il n'est pas permis à un citoyen français, encore moins à une femme française, de confession
israélite, de sortir dans la rue sans subir aussitôt mille
outrages et mille infamies. Il y a quatre ou cinq jours,
à un bal public qui avait lieu à Alger, dans un square,
un M. L... — l'*Express*. journal antisémite, ne le désigne
pas autrement — « a été à moitié assommé parce qu'on
l'avait pris pour un juif ». Le journal ajoute :

« L. est un excellent Français, vaillamment antijuif. (*On rit.*) Il voudra bien excuser un procédé un peu vif. » (*Nouveaux rires.*)

M. Périllier. — Il y avait maldonne !

Gustave Rouanet. — « Qui n'a pu l'atteindre que par erreur et dont il doit comprendre aussi bien qu'approuver l'intention. » (*Hilarité.*)

J'ai là un autre article où l'on signale qu'un M. G..., pris à tort pour un juif, à cinq heures du soir, a été quelque peu assommé aux cris de : « A bas les juifs! »

« Mais, lui demande-t-on, pourquoi êtes-vous parti quand on a crié : A bas les juifs! Il fallait dire tout simplement : Je ne suis pas juif. » (*Mouvements divers.*)

Voilà, Messieurs, ce qui se passe en Algérie. Ce régime existe depuis trois ou quatre ans. Je viens demander à la Chambre et au Gouvernement d'y mettre fin.

M. Barthou vous a dit : « La question juive ne domine pas la question algérienne. »

Pour moi, à cette heure, la question juive domine la question algérienne. C'est là la question urgente, celle qu'il faut résoudre tout de suite, parce que je souffre à la pensée de savoir que sur une terre française, sur une terre où flotte le drapeau de la France, de pareilles infamies se commettent. (*Applaudissements à l'extrême gauche*); parce que je souffre à la pensée que des citoyens français sont ainsi molestés. Et je dis à la Chambre je dis au Gouvernement, que s'il est des réparations lointaines, que s'il est des réorganisations à effectuer en Algérie, en l'espèce ce n'est pas le cas. Il n'y a qu'à imposer, qu'à exiger le respect de la loi.

C'est ce respect que je demande à la Chambre d'inviter le Gouvernement à assurer en Algérie.

Mais quand la Chambre aura fait au Gouvernement cette recommandation, il faudra que M. le gouverneur général suive les indications qui lui auront été données par la Chambre et par le président du conseil.

M. Laferrière, (*Gouverneur général de l'Algérie, commissaire du Gouvernement.* — Je demande la parole.

Gustave Rouanet. — Car ce n'est pas d'aujourd'hui, je le répète, que ces choses-là existent, et je voudrais dire à la Chambre, avant de terminer, quelles sont les conditions qui à mes yeux peuvent en se réalisant mettre fin très rapidement à l'état de choses existant en Algérie.

LES RESPONSABILITÉS

Nous avons tous une part de responsabilité dans ce qui se passe là-bas. Je répudie en ce qui me concerne la solidarité qu'on a voulu établir entre les antisémites et nous ; jamais je n'ai écrit une ligne qui pût être un encouragement aux guerres de races ou aux guerres de religion ; si j'avais fait cela, j'éprouverais pour moi l'incommensurable mépris que j'éprove pour vous. Je ne l'ai pas fait, ce n'est pas vrai. (*Applaudissements à l'extrême gauche et sur divers bancs à gauche. — Rumeurs à droite.*)

M. Eugène Fournière. — Vous pouvez en dire autant pour nous tous.

M. le président. — Le mot « mépris » ne s'adresse assurément à aucun de vos collègues ?

Gutave Rouanet. — Il s'adresse au parti dont j'ai parlé.

Mais nous ne sommes pas seulement responsables de ce que nous faisons, nous sommes encore responsables de ce que nous ne faisons pas ; nous sommes responsables aussi bien de nos indifférences que de nos erreurs. (*Très bien! très bien! à gauche.*)

Il y a dans notre pays des habitudes d'informations déplorables ; nous ne nous attachons qu'à ce qui se passe dans cette enceinte, sur le boulevard ou dans les bureaux de rédaction ; ce qui se passe au dehors, ne correspondant pas exactement aux divisions politiques qui existent ici, nous apparaît comme n'existant pas.

Lorsque des Algériens viennent frapper à la porte d'un

député français, il faut qu'ils y viennent sous une étiquette et avec un titre que nous connaissions bien. C'est ainsi que nous avons cru qu'il y avait en Algérie un parti opportuniste et un parti radical, un parti modéré et un parti avancé. Rien de tout cela n'existe en Algérie. Il y a des compétitions et des rivalités ; il y a des ambitions, des appétits, des intérêts et des groupes, des cots représentant des intérêts, et voilà tout.

Je vous ai déjà dit, dans une précédente séance, que le nombre des fonctionnaires s'élève à 17.864 ; j'ajoutais ; Pesez bien ces chiffres ; ils vous montrent ce que doit être un corps électoral composé de fonctionnaires ou d'aspirants fonctionnaires.

Pourquoi y a-t il tant de fonctionnaires? Parce que le budget de l'Algérie s'élève à la somme de 183 millions, et comme ce n'est pas l'Algérie qui fournit ce budget, dont une partie est versée par les Arabes et une autre par la métropole, il en résulte que les Algériens sont tout naturellement incités à créer plus de fonctionnaires pour épuiser le budget que leur servent et la métropole et les Arabes.

Je présente peut-être sous une forme un peu simpliste et même un peu paradoxale, je l'admets, la situation budgétaire de l'Algérie ; mais au fond, soyez-en bien convaincus, il en est ainsi. J'engage tous mes collègues qui veulent se faire une idée de la façon dont l'Algérie est administrée à se renseigner, à cet égard, dans le beau rapport de M. Jonnart; ils y trouveront un ensemble de faits absolument concluants; ils verront, par exemple, que dans une seule commune comme celle de Mécla, on se trouve en présence de 45 électeurs avec un budget de 38.000 francs.

Songez, Messieurs, à ces chiffres! 45 électeurs, cela représente environ 35 à 36 familles, soit, en partageant la commune en deux, 16 à 17 familles d'un côté et autant de l'autre. Les seize familles qui arriveront au conseil municipal diposeront du budget de 38.000 fr. On vit très bien en Algérie dans une famille avec 2.000 fr. par an.

(*Rires.*) Vous vous figurez dès lors la violence des appétits surexcités, des intérêts qui sont en cause et vous comprenez d'où vient l'âpreté des polémiques. Cela vous explique que nos collègues algériens, quand ils viennent ici, se dénoncent à qui mieux mieux dans un langage qui frise toujours la marge extrême du vocabulaire parlementaire et en sort même quelquefois. Il y a là une situation absolument déplorable. Mais ce n'est pas tout.

L'ADMINISTRATION EN ALGÉRIE

A côté de cette tentation en quelque sorte irrésistible qu'est le budget algérien pour nos compatriotes de l'autre côté de la Méditerranée, s'ajoute ce fait lamentable, la qualité des fonctionnaires que nous avons envoyés là-bas. Pour surveiller l'administration de ce budget, il faudrait un personnel d'élite, des fonctionnaires ayant à la fois une haute compétence, un grand caractère, une probité éprouvée (*Très bien! très bien!*); or, nous envoyons là-bas tout le rebut, tous les déchets de notre administration.

M. Firmin Faure. — Très bien! Il y a assez longtemps que nous nous en plaignons.

Gustave Rouanet. — Qu'arrive-t-il? C'est que cette administration algérienne, composée d'éléments très peu recommandables, se jette dans les intrigues politiques, dans les intrigues municipales et départementales. Il se crée là bas une atmosphère de corruption où la politique et l'administration se pénètrent réciproquement, et l'on peut dire que qui tient l'administration en Algérie tient nécessairement l'Algérie et la politique algérienne.

Depuis trois ou quatre ans, l'administration algérienne est antisémite.

M. Firmin Faure. — Ah! non! Demandez à M. de Malherbe, préfet d'Oran.

6

Gustave Rouanet. — J'ai précisément une lettre de lui...

M. Firmin Faure. — Lisez-la.

Gustave Rouanet. — Ou plutôt la photographie d'une lettre de lui recommandant à un fonctionnaire qui devait comparaître comme témoin à décharge en faveur d'un juif de s'abstenir et de se faire délivrer un certificat médical d'empêchement. (*Rires et applaudissements à l'extrême gauche.*)

M. Firmin Faure. — M. de Malherbe est le soutien de M Etienne.

Gustave Rouanet. — Qu'est-ce que cela peut nous faire? (*Applaudissements à gauche.*)

Voilà que d'un mot M. Firmin Faure vient de donner la morale de toutes ces disputes algériennes. (*Nouveaux applaudissements.*) Je signale la partialité de M. de Malherbe contre les juifs, et M. Firmin Faure me dit : Vous attaquez un ami de M. Etienne !

M. Firmin Faure. — Ce que vient de dire M. Rouanet est exact, avec cette seule différence que le fonctionhaire... (*Bruit.*)

Gustave Rouanet. — Je vous prie de me laisser parler.

M. Firmin Faure. — Un seul mot, Monsieur le président.

M. le président. — Je ne puis vous laisser parler que si l'orateur y consent.

M. Firmin Fanre. — Je demande alors la parole pour un fait personnel.

Gustave Rouanet. — M. de Malherbe, en 1895, a écrit une lettre que j'ai là également, lettre adressée à l'adjoint de la police municipale d'Oran pour lui demander de ne plus nommer un seul agent de police appartenant à la population juive. Voilà les fonctionnaires que vous dites être contre vous ! Alors imaginez quels services les fonctionnaires algériens doivent rendre à un parti pour mériter sa considération. (*On rit.*)

La vérité, c'est qu'à la suite des événements de 1897

et de 1898, qui ont si profondément bouleversé la conscience des partis en France, l'administration algérienne a cru voir une aube politique nouvelle se lever sur la France ; les administrateurs ont cru à la fortune politique de l'antisémitisme ; ils ont vu là un avenir et ils se sont livrés à l'antisétisme, apportant à servir leurs nouveaux amis la fougue et l'ardeur qu'ils avaient mis à les desservir et c'est pourquoi les députés antisémites, comme M. Marchal ou M. Morinaud, peuvent apporter à cette tribune des déclarations émanant de magistrats et de fonctionnaires algériens.

LES PROTESTATIONS DE M. MARCHAL

M. Marchal. — Et les historiens qui ont écrit depuis vingt-cinq ou même cinquante ans? Vous les oubliez, ceux-là? *(Bruit.)*

Gustave Rouanet. — Monsieur Marchal, quand on a un passé comme le vôtre, par respect pour la tribune française, on ne l'invoque pas!

Au centre. — A l'ordre! A l'ordre!

M. Marchal. — Monsieur le président, je ne peux pas tolérer de pareilles paroles! *(Applaudissements à droite.)*

Il y a trois mois, monsieur Rouanet, que vous préparez ces infamies à froid!

M. le président. — Monsieur Rouanet, vous ne pouvez pas adresser de pareilles paroles à un collègue.

M. Marchal. — C'est préparé, tout cela! je le répète.

M. le président. — J'invite M. Rouanet à retirer les paroles dont il s'est servi.

Gustave Rouanet. — Messieurs, voici l'allusion que j'ai faite. J'ai lu à cette tribune un article de M. Marchal, qui, en 1870, crut devoir se borner à saluer du rivage les juifs qui allaient défendre la patrie française.

M. **Marchal**. — Vous pouvez faire des phrases. Je m'expliquerai.

Gustave Rouanet. — Il est ensuite venu à cette tribune accuser les juifs d'être restés chez eux en 1870 et d'avoir manqué de patriotisme : Je dis, Monsieur Marchal, que lorsqu'on a un passé militaire comme le vôtre...

Un membre à droite. — Et le vôtre ?

Gustave Rouanet. — J'ai fait mon service militaire. Demandez à M. Marchal s'il a fait le sien.

M. **Marchal**. — On essaye de la diffamation, sauf, ensuite, à expliquer ses paroles.

M. **le président**. — Il est entendu que les paroles de M. Rouanet ne visaient qu'un seul fait.

Continuez, Monsieur Rouanet, et tâchez d'éviter les personnalités.

Gustave Rouanet. — Messieurs, je fais appel à votre loyauté. (*Bruit à droite.*)

M Marchal. — La Chambre sera juge de ces personnalités. Il est indigne de la tribune française d'employer de pareils arguments !

ARGUMENTS ANTISÉMISTES

Gustave Rouanet. — En vérité, Messieurs, j'ai là tout un ensemble de journaux où, depuis quatre mois, on m'appelle, moi — il est vrai que c'est avec tout le monde — vendu aux juifs, tripouille, voleur (*Applaudissements et rires à l'extrême gauche*); et quand je viens à cette tribune. (*Bruit.*)

M. **le président**. — Ces injures, en tout cas, ne devraient pas trouver d'écho ici. (*Très bien ! très bien !*)

Gustave Rouanet. — Je ne pourrais pas à la tribune, apporter toutes les accusations qui me sont adressées, mais voulez-vous savoir dans quels termes le journal de M. Morinaud parle de moi?... (*Interruptions.*)

A droite. — Il ne s'agit pas de vous ?

Gustave Rouanet. — Aimez-vous mieux que je vous montre comment on parle de la Chambre ? Soit !

Sur divers bancs. — Lisez tout.

Gustave Rouanet. — Voici ce que dit de moi le journal de M. Morinaud. (*Mouvements divers*)

« Il y a en Algérie 60.000 juifs. Pour Rouanet, ce sont les seuls individus dignes d'intérêt. Il est vrai qu'ils ont tant d'argent ! C'est l'honneur du parti antisémite d'être combattu par de pareilles fripouilles ! (*Exclamations*)

Voici maintenant comment s'expriment ces modérés qui demandent à leurs collègues d'apporter ici des arguments qui ne soient pas personnels : « L'Algérie est prévenue désormais qu'elle ne peut espérer aucune sentence de justice de la part de représentants... » — Il s'agit de 360 voix qui ont voté les conclusions de la commission d'enquête algérienne — « ... vendus aux gros barons de la finance, alliés de Dreyfus et de Rothschild. »

Voilà les gens qui viennent protester contre notre défaut de modération !

M. le president. — Observez la modération à la tribune.

Gustave Rouanet. — J'observe la modération ; mais il vient une heure où la colère, montant du cœur, jaillit aux lèvres. Je demande pardon à la Chambre d'avoir retenu son attention sur d'aussi misérables incidents, et je continue ma démonstration. (*Vifs applaudissements*)

LA COMPLICITÉ DES FONCTIONNAIRES

Je vous disais, Messieurs, qu'en Algérie il y avait une administration qui avait vu, dans les événements qui se sont passés en France en 1897 et en 1898, l'aurore d'une politique nouvelle ; elle s'est alors lancée dans le mouvement antisémite, et, à cette heure, l'administration algérienne est antisémite. C'est ce qui vous explique certaines combinaisons qui furent faites à Alger dans quelques milieux, et à l'insu, j'en suis convaincu, de M. le gouverneur général, mais dont il faut que je vous entretienne.

On a voulu établir je ne sais quelle démarcation entre les antisémites purs et les antisémites non purs, entre les antisémistes réactionnaires...

Un membre à gauche. — Ce sont les purs, ceux-là !

Gustave Rouanet. — Parfaitement !... entre les antisémistes représentés par M. Drumont et les antisémites républicains, conciliateurs, gens pacifiques, dit-on.

Les auteurs de ces combinaisons s'expriment ainsi : Voyons, on a assommé les juifs, on a pillé leurs boutiques; il faut faire la paix. Nous allons enlever aux israélites leurs droits politiques, supprimer le décret Crémieux. A cette condition, la population algérienne sera apaisée; c'est un gage de confiance qu'on lui donne. Nous allons faire une cote mal taillée. »

Il y avait, en effet, au sein de la capitale de l'Algérie, des éléments irréductibles qui entendaient aller jusqu'au bout de l'antisémitisme. Et l'on croyait, en jetant la division dans le parti antisémite, faire entrechoquer l'élément modéré avec l'élément radical ou purement réactionnaire. A quoi est-on arrivé? A ceci : on a dit aux antisémites conciliateurs et pacifiques qu'on pouvait compter sur les sourires et les bienfaits de l'administration. Les antisémites pacificateurs et conciliants se sont jetés sur les bienfaits de l'administration et ont fait ensuite cause commune avec MM. Drumont et Max Régis. C'est ainsi qu'on a pu voir dans la province de Constantine une pluie de décorations, de faveurs qui venaient au nouveau parti. J'ai là dans mon dossier une foule de faits. Je vous ai déjà parlé de ce M. Mercier, maire de Constantine, qui chasse les petits enfants juifs des écoles et qu'on nomme officier de l'instruction publique pour services rendus à l'instruction publique! (*Rires.*)

On a décoré également M. Rouyer, que le préfet M. Dufoix, a fait nommer président du Conseil général après en avoir modifié la majorité par de nouveaux choix de conseillers généraux à titre indigène. Mais il y a deux Rouyer : l'un est un ancien pharmacien qui tenait une maison de bains ; l'autre, son frère, est propriétaire. On voulait décorer l'un comme propriétaire, l'autre pour services exceptionnels politiques. Seulement, au dernier moment on s'est dit qu'il était difficile de décorer à titre politique un antisémiste militant, et l'on a décoré le gérant d'une maison de bains à titre d'agriculteur. (*On rit.*) En Algérie, cela ne tire pas à conséquence.

M. Massabuau. — Mon cher collègue, on a décoré, en France, un notaire pour avoir marié sa nièce au frère d'un préfet. (*On rit.*)

Gustave Rouanet. — Ce n'est pas tout. En dehors des places dont sont assurés MM. les antisémistes, il y a les concessions.

L'ALGÉRIE AUX ALGÉRIENS

On vous dit : « L'Algérie aux Français ! » Non, Messieurs, on ne veut pas de l'Algérie aux Français ; on veut « l'Algérie aux Algériens ».

A cet effet, voici comment on procède : on décide que, dans les villages que l'on agrandit, rien ne sera réservé aux colons immigrants qui pourraient venir de France ; que tout sera donné aux fils de colons. On crée donc des concessions pour les fils de colons, on leur donne tout dans les villages qu'on agrandit, et les trois quarts ou les deux tiers dans les villages nouveaux. Savez-vous combien on a dépensé en 1897 avec ce système ? On a dépensé une somme de 1.800.000 francs, qui a servi à installer 107 colons. Le colon algérien revient à 16.000 francs par tête : vous trouverez, sans doute, que c'est un peu cher.

On ne s'est pas arrêté là. On vient de créer un nouveau

village, celui de Davout, dans le département de Constantine. Le *Républicain*, journal de M. Morinaud, a bien soin de dire que c'est grâce à lui que ce village a été créé, qu'on a donné des concessions à un tel et à un tel. On en a tant donné, qu'on en a accordé même à des gens qui sont morts.

M. Savary de Beauregard. — Des concessions dans les cimetières, alors? (*On rit.*)

M. Constant. — Des concessions à perpétuité ! (*Nouveaux rires.*)

Gustave Rouanet. — Il y a ainsi une dame Laurent qui se trouve concessionnaire *post mortem*. Un autre, c'est le gérant d'un journal antijuif de Sétif qui a été nommé également concessionnaire et qui a déjà affermé sa concession à raison de 350 francs par an à un Arabe.

Voilà de quelle façon l'antisémitisme fait de la colonisation en Algérie.

Devant de telles pratiques il n'y a aucune raison pour que les gens ne soient pas antisémites et ne crient pas : A bas les juifs! puisque c'est en criant : A bas les juifs! qu'on a des places, des faveurs, qu'on peut dénoncer ses adversaires, qu'on peut, pendant huit mois, comme sur Mme Isnel, du village d'Aïn-M'lila, faire peser une accusation de concussion. La malheureuse en est à cette heure à l'agonie. Il a fallu huit mois à M. Bussières pour faire rendre une ordonnance de non-lieu. Cette accusation avait été portée sur la dénonciation d'un journal immonde qui s'appelait la *Silhouette*. Pour vous donner une idée de ce qu'était ce journal, je vous indique de quelle façon on y annonçait l'état civil des juifs : les naissances s'appelaient des « éclosions », les mariages des « accouplements », les morts « des crevaisons ». (*Exclamations*)

C'est sur la dénonciation de gens pareils que Mme Isnel, receveuse des postes, a été accusée par le parquet. L'enquête se poursuivit pendant huit mois, et au bout de ce temps on découvrit que c'était le facteur qui avait donné les renseignements au journal *la Silhouette* qui était le coupable.

Voilà ce qui se passe en Algérie avec les magistrats antisémites : (*Applaudissements.*) Et vous venez nous parler de ces magistrats et de leur opinion sur les juifs ?

Messieurs, il faut que la Chambre dise au Gouvernement, il faut que M. le gouverneur général dise à l'Algérie que nous en avons assez des pratiques inhumaines, barbares, qui ont cours là-bas ; que nous en avons assez de ce régime de violences qui nous déshonorent (*Applaudissements à l'extrême gauche et à gauche*) et qu'ici, quel que soit le parti, quelle que soit la fraction de l'opinion républicaine auxquels nous appartenons, il y a unanimité de vues, il y a unanimité de résolutions pour que l'on impose à quiconque le respect de la loi et le respect des droits de citoyen français dont les juifs ont été investis en 1871. (*Nouveaux applaudissements.*)

Voilà ce qu'il faut que la Chambre dise ; voilà la parole qu'il faut que M. le gouverneur général emporte d'ici.

APPEL SUPRÊME

Il peut y avoir, je le répète, des réformes à faire en Algérie ; il peut y avoir à procéder à une réorganisation des services. Cela, c'est une politique à longue échéance ; mais ce qui est une politique à réaliser tout de suite, c'est la politique d'humanité et de justice pour laquelle je fais appel à vos cœurs.

On m'a reproché d'apporter ici des préoccupations politiques. Ah ! certes, j'ai comme tous ceux qui siègent sur ces bancs, l'ambition que mon parti soit à la tête de ceux qui combattent pour les opprimés ; mais vous êtes la majorité, vous êtes les maîtres ; il ne tient qu'à vous de prendre les devants et de recueillir le bénéfice de la politique de justice et d'humanité à laquelle je vous convie. (*Vifs applaudissements à l'extrême gauche, à gauche et au centre. — L'orateur, en retournant à son banc, reçoit des félicitations.*)

A la suite de cet écrasant réquisitoire, Morinaud, dans les coulisses de la Chambre, essaya de contester les chiffres apportés par le citoyen Rouanet. Il contesta notamment les quarante-sept propriétés achetées à Duquesne par son père, — alors que le citoyen Rouanet avait dans son dossier l'extrait du bureau des hypothèques de Bougie concernant les achats de terres et d'immeubles opérés par Jules Morinaud !

Rouanet fit à « Quart-de-Million » la courte réponse ci-après :

Gustave Rouanet. — J'ai demandé la parole, Monsieur le président.

M. le président. — Il est bien entendu que ce n'est pas une discussion entre collègues qui s'établit, qu'il s'agit non d'une réponse, mais d'un fait personnel.

Gustave Rouanet. — Messieurs, je ne puis pas accepter que M. Morinaud prétende à cette tribune intervertir les rôles. (*Très bien! très bien! à l'extrême gauche.*) D'abord je dis que M. Morinaud joue sur les mots. Je n'ai pas dit à cette tribune que M. Morinaud avait fait du chantage sur la Banque de l'Algérie; je n'ai pas dit à cette tribune que M. Morinaud avait fait chanter les membres du Conseil d'administration.

J'ai dit, et je maintiens, — et un de mes collègues en a la preuve, — j'ai dit et je maintiens que M. Morinaud, à la fin de décembre 1897, contrairement aux assertions qu'il avait apportées à cette tribune au cours de la séance où la commission d'enquête a présenté son rapport, s'est rendu à la Banque de l'Algérie, que là il a rédigé et laissé le projet de transaction qui a été adopté par cet établissement. (*Bruit à droite et au centre.*)

En ce qui concerne l'achat des terres, ce ne sont pas des correspondances qui m'ont mis au courant de la question. J'ai dit à la tribune que ce qui était licite à M. Morinaud — je ne parlais donc pas de choses illicites... (*Exclamations à droite.*) Comment, Messieurs?... J'ai dit que ce qui était licite à M. Morinaud était licite aux juifs. Je vous ai cité l'exemple de M. Zermatti parce qu'il avait été invoqué par lui.

Il affirme que M. Zermatti détient 10.000 hectares de terres; j'affirme que c'est faux et j'en apporterai la preuve pour M. Zermatti comme pour M. Morinaud de Djidjelli devant la commission d'enquête; c'est là que je vous donne rendez-vous. (*Applaudissements à l'extrême gauche et sur divers bancs à gauche. — Mouvements divers.*)

J'ajoute que je demanderai à M. le président du Conseil de bien vouloir remettre à la commission d'enquête le rapport qui a été adressé par M. Rihouet au ministre des finances sur les conditions dans lesquelles le contrat s'est établi. Quand vous aurez vu ce contrat et le rapport fait par M. Rihouet qui est au ministère des finances et qui devra être versé à la commission, vous jugerez alors ce qu'il faut penser des assertions apportées ici par M. Morinaud.

Vous me dites que j'ai écrit en 1896 sur les juifs d'Algérie l'impression que j'en aurais eue alors. Non, Messieurs; cette impression remontait à 1875. (*Exclamations ironiques à droite et au centre.*)

Demandez à notre collègue M. Isnard, député de Brest et qui est un colon algérien, la stupéfaction qui s'est emparé l'autre jour de deux ou trois de nos collègues quand il leur racontait que ces juifs d'Algérie, que l'on diffame à cette tribune et dont on croit pouvoir citer les noms dans les termes qui ont été employés, étaient ses camarades de lycée et avaient obtenu les premiers numéros dans les facultés en Algérie et même à l'Ecole polytechnique. (*Applaudissements à l'extrême gauche.*) Nos collègues lui disaient : Comment ! ces juifs savent donc lire et écrire? (*Mouvements divers.*) Ils peuvent donc entrer à l'Ecole Polytechnique ?

Eh bien, oui, c'est précisément parce que j'ai été

trompé, c'est parce que, dans cette Chambre et au dehors, vous n'avez cessé de nous mentir sur les juifs que vous poursuiviez... (*Très bien! très bien! à l'extrême gauche.*)

M. le président. — Il ne faudrait pas employer de pareilles expressions, Monsieur Rouanet.

Gustave Rouanet. — Je ne m'adresse pas à M. Morinaud, vous le pensez bien, Monsieur le président.

Je dis que c'est parce que nous avons été trompés que j'apporte cette passion réparatrice à défendre les juifs à cette tribune. (*Exclamations à droite. — Applaudissements à l'extrême gauche et à gauche.*) Oui, je les défends contre ceux qui les attaquent, car je sais que dans cette défense, il y a deux sortes de récompenses : il y a d'abord l'approbation des honnêtes gens, et ensuite les injures des autres (*Applaudissements sur les mêmes bancs.*)

L'approbation des honnêtes gens m'est précieuse, mais je déclare à MM. les députés antijuifs que, entre toutes les injures des autres, leurs injures à eux me sont particulièrement douces. (*Nouveaux applaudissements.*)

Après le citoyen Rouanet. M. Thomson monte à la tribune et lit une lettre de M. Rihouet, directeur de la Banque d'Algérie, lequel atteste que c'est Morinaud fils, conseiller général, directeur du République et candidat à la députation, qui sollicita et obtint la remise de 240.000 francs.

La séance fut levée sur cette lecture qui convainquait une fois de plus M. Morinaud de mensonge, et depuis, dans les couloirs de la Chambre, on n'appelle plus le député de Constantine que « Quart-de-Million ».

Imprimerie Noizette et Cie, 8, rue Campagne-Première, Paris.

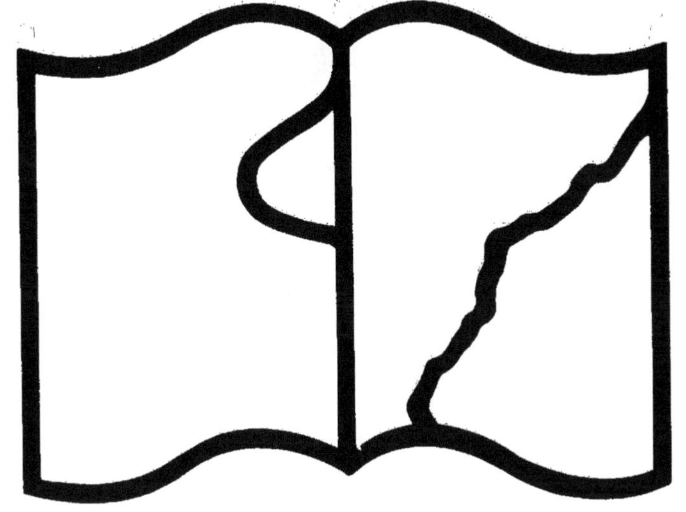

SERVICE PHOTOGRAPHIQUE